만화시초
萬化詩抄

창조문예
시 선
0 0 **4**

우한용 시집

만화시초
萬 化 詩 抄

창조문예사

머리말

　참으로 작정 없이 살았다.
　작정이 없으니 늘 떠돌았다. 떠도는 길의 끝에는 허무가 예비되어 있었다. 떠돌다 만난 허무의 벼랑을 타넘는 방법이 생에 대한 성실성이라는 생각도 하게 되었다. 성실성이란 다른 말로 '사랑'이 될 법하다. 내가 살아가는 이야기를 쓴 책에다가 『떠돌며 사랑하며』라는 제목을 붙인 까닭이 대개 그러한 것이었다. 그 책에는 '픽션 에세이'라는 장르 명칭이 붙어 있다.
　문학에도 작정이 없었다.
　소설도 쓰고 싶었고, 시는 오래전부터 시도해 왔다. 대학에 와서는 문학을 가르쳤다. 문학을 가르치는 사람이라고, 평론가로 소개하기도 하고, 수필가로 소개하는 경우도 있었다. 둘 다 내가 일하는 자리가 만들어 준 문학적 신분이었다. '평론'이나 '수필'이라고 장르를 표시한 작품은 쓰지 않았다.
　내가 시를 쓰는 이유는 간명하다. 세상이, 사람들이, 나 자신이 땅 위에서 하늘 바라보며 살아간다는 게 놀랍고 경이로웠다. 그런데 놀라움은 대개 순간적이었다. 반복되는 경우가 없지는 않았다. 땅 위의 풀과 꽃과 나무가 계절을 따라 변화해 가는 모습은 경이롭다. 수평선 위에 떠오르는 노을, 그리고 깊은 밤하늘 청공에 섬벅이는 별 무리……. 이를 노래하고 이야기하는 인간들……. 가슴이 설레지 않을 수 없었다. 내가 사는 세상은 놀라움으로 가득 차 있었다. 그 놀라움 속에는 슬픔과 아픔이 포함되어 있다. 내가 놀라움 가운데 살아간다는 것은 기적이었다. 그 기적을 몰라라 하고 지낸다면 그게 얼마나 큰 손해인가, 나아가 비윤리적이 아닌가. 내가 겪는 생의 놀라움을 놓치고 싶지 않아 나는 시를 쓴다.

나는 그동안 '소설가'로 자신을 한정 지어 놓고 지내왔다. 소설은 세계를 좀 더 폭넓게 보고자 하는 의욕에서 출발한다. 소설은 내 삶의 영토를 넓혀 가는 동심원 그리기였다. 삶의 영토 그 반지름을 계속 넓혀 가다 보면 작정 없는 생애 그 끝에 닥쳐오는 허무의 나락에서 조금씩은 물러설 게 아닌가, 그런 기대가 나의 소설 작업을 밀고 나가는 동력이었다. 작정 없이 떠도는 삶의 끝에 이룩될 걸로 기대되는 나의 모습을 그려 보고 싶은 욕망 또한 소설 작업에 포함되는 것은 물론이다.

  작정 없이 살아가는 떠돌이라 해도 방황을 끝내고 싶은 욕망이 왜 없겠는가. 문학에 한정하여 이야기한다면, 기존에 관행으로 전개되어 온 장르의 울타리를 허물고 새로운 문학 영토에 길을 내고 싶은 것이다. 그게 어떤 양식의 문학이 될지는 예측하기 어렵다. 무엇보다 개인의 의욕에 따라 장르가 형성되지 않는다. 시적 아우라가 가득한 짤막한 서사를 생각해 본다. 아기자기한 풀꽃이 섞여 핀 꽃밭의 형상을 생각하게 된다. 물론 그러한 꽃밭을 둘러싼 역사와 사회를 문학으로 형상화하지 말라 할 수는 없는 노릇이다.

  이 시집을 집어 든 독자들은 의문을 가질 듯하다. '만화시초'라니……. 거기다가 萬化詩抄라는 한자까지 병기했다. 이번에 내는 시집이 다섯 번째이다. 내가 하는 행색이 천방지축天方地軸이다. 내 외양을 보는 이들은 그렇게 생각하지 않겠지만. 내가 쓰는 글들은 만화방창萬化方暢이다. 봄날 돋아나는 싹들처럼 움쁙줌쁙이다. 좌충우돌 들쭉날쭉, 그런 형상을 '만화'란 어휘로 줄이기로 했다. 시초詩抄라 한 것은 한 무더기 시편들 가운데 뽑아냈다는 뜻이다. 2021년 『내 마음의 식민지』라는 시집을 냈다. 그 이후에 쓴 시들 가운데, 시와 산문을 결합하는 시들을 제쳐 놓고 남은 작품들 가운데 한 권 시집으로 추려서 묶기 때문에 '시초'라고 이름을 붙였다. 이는 다른 시초詩草와 같은 말일지도 모른다.

꽃과 나무와 인간이 놀라움으로 다가오는 동안은 시를 계속 쓸 생각이다. 문학을 하는 사람의 '사람값'을 생각하게 된다. 당나라의 시인 이백李白은 술을 권하는 시 「장진주將進酒」에서 자아의 존재감을 드러내고 있다. "하늘이 세상에 나를 낸 것은 쓸모가 있음일 터, 天生我材必有用(천생아재필유용)" 이때의 쓸모란 무엇인가. 시를 쓰는 일, 그것 말고는 다른 일을 생각할 여지가 없다. 시인이 시를 쓰는 일은 자기소외를 극복하는 언어적 방법이다. 내가 시를 쓰는 이유 또한 이에서 멀지 않다.

시를 읽는 일은, 시를 쓰는 것과 마찬가지로 '삶의 과정'이다. 내 삶의 과정에 들어와 있는 친구가 있어 마음 든든하다. 심재 김철교 학형이 정성 깃든 긴 평설을 써 주었다. 자연과의 교감, 삶의 성실성, 시적 표현의 새로움, 당대 사회 문제에 대한 관심 등을 내 시의 특징으로 지적하고 있다.

의욕만 앞서고 성취는 크지 못한데 과찬을 해 주어 염치가 없다.

  컴퓨터에 저장한 자료와 프린트본이 착종되어 헤맸다. 호창수 박사의 도움을 받아 원고가 말끔하게 정리되었다. 호창수 박사는 내 시 원고를 추려 다듬는 중에 이런 생각을 했단다. "우공의 노래에 투영된 멜로디를 따라 부르다 보니, 삶의 의미에 대한 치열한 내면 풍경이 머릿속에 희미하게 그려진다. 그의 솔직한 자기 토로 가운데 묵직한 거장의 시론이 목격된다." 내 시를 읽은 걸 계기로, 호 박사가 소설과 함께 시에 흥미를 가지기를 소망한다.

  이 시집이 나와 독자가 공유하는 '삶의 과정'이 된다면 더 바랄 게 없겠다.

2024. 8. 10.
우한용

차례

머리말　　　　　　　　　　　　　　　　　　4

제1부_ 초목草木의 노래

　1. 연실蓮實　　　　　　　　　　　　　　15
　2. 나무와 맞서서　　　　　　　　　　　　16
　3. 식욕, 겁나는 식욕　　　　　　　　　　18
　4. 땅귀신　　　　　　　　　　　　　　　20
　5. 매화梅花　　　　　　　　　　　　　　22
　6. 산수국山水菊　　　　　　　　　　　　23
　7. 대추나무　　　　　　　　　　　　　　24
　8. 모란도牧丹圖　　　　　　　　　　　　25
　9. 탱자나무　　　　　　　　　　　　　　26
10. 등나무　　　　　　　　　　　　　　　28
11. 호두를 따면서　　　　　　　　　　　　30
12. 남천南天　　　　　　　　　　　　　　32
13. 수수　　　　　　　　　　　　　　　　33
14. 대화무어對花撫語　　　　　　　　　　34
15. 감자 심는 날　　　　　　　　　　　　36
16. 꽃에 대한 불평　　　　　　　　　　　38
17. 난초蘭草　　　　　　　　　　　　　　40
18. 호두를 깨면서　　　　　　　　　　　　41
19. 매미　　　　　　　　　　　　　　　　42
20. 개구리 나이　　　　　　　　　　　　　44

제2부_ 시간時間의 노래

1. 겨울 산 49
2. 설날 50
3. 손을 위한 축가 52
4. 서리는 어떻게 오는가 54
5. 봄비 내리는 밤에 55
6. 하지夏至 56
7. 봄은 유행가처럼 58
8. 봄은 오고, 가고 59
9. 눈 오는 아침에 60
10. 바람 62
11. 겨울밤 63
12. 하늘에 꽃배가 가득하여 64
13. 추분秋分 65
14. 유년의 아침 66
15. 보리누름 68
16. 그해 추석 69
17. 땅거미에 온 사람 70
18. 뿌리 72
19. 해가 바뀌고 74
20. 아침 76

제3부_ 노상路上의 노래

1. 무릎   79
2. 항복문서降伏文書   80
3. 아이에게   82
3. 손이 예쁜 간호사   84
4. 동해東海   86
5. 만해마을   87
6. 밤새 우는 사연   88
7. 낮술   90
8. 언덕에서   92
9. 십 년   94
10. 국민   96
11. 무너진 사랑탑아   98
12. 기적에 대하여   100
13. 철조망鐵條網   102
14. 별   104
15. 벌에 쏘인 날   105
17. 그 사내   106
18. 화상들   108
16. 여의도 의미론   110
19. 나는 나의 반쪽이다   111

제4부_ 해풍海風의 노래

1. 석향石香   115
2. 위대한 식욕에 대하여   116
3. 차부車部에서   118
4. 폭포   120
5. 숲   122
6. 금릉 김현철의 그림   123
7. 이왈종 미술관   124
8. 성읍마을   126
9. 먼 산   128
10. 칠극·1   130
11. 칠극·2   131
12. 칠극·3   132
13. 칠극·4   134
14. 칠극·5   136
15. 칠극·6   137
16. 칠극·7   138
17. 몸에 대하여   139
18. 혼종   140
19. 나무   142
20. 카우리 나무   144
21. 목장을 지나며   146
22. 태백산 산정 아래   148

평설 • 지성·감성·영성이 어우러진 시詩 한마당
    - 김철교(시인, 평론가)   153

작품_ 진동규

1부
초목草木의 노래

연실 蓮實

그래 그런 날도 있어야지.

비 그치고 하늘 개어 올라간 초가을
향기마저 거두어들인 연못
연밥만 낡은 대궁 위에 바람 타는
기억 속에 들려오는 소리 한 가락

"상주 함창 공검못에 연밥 따는 처녀"

꼭 그 처녀 닮았던 아내 얼굴
구름 그림자 스치는 바람결
그 넉넉한 연잎 위에 내리던 햇살
설렁설렁 볏논에 내려 춤추던 날

연밥, 삼천 년쯤 말라 지나도
흙 속에 들어가면 싹이 돋는 인연
오돌오돌 연밥 손에 잡히는 오후

그런 날도 있어야지, 그래 있어야지.

※ 2021년 9월 30일, 로고포 멤버들이 김천 연화지鳶嘩池에 갔었다.

나무와 맞서서

나는 언제부터인가
'모든 모든'을
두려워하는 버릇이 생겼다.

"모든 나무는 무우수無憂樹이다"*
아니, 나는 머리를 좌우로 흔든다.
어느 자갈밭이나 돌산에는
근심 깊은 나무가 목말라
말라가다가 불타기도 하거니……

톱을 들고 나무와 맞서면
'어떤' 나무는 적의를 드러내어
가지로 내 얼굴을 후려치기도 하지.

십 년 자란 가지를 잘라내고
내 수목장 감으로 훌쩍 자라라고 보채는 사이
수액이 피처럼 흘러 내 이마에선 땀이 솟는다.

톱질을 당해 스스로 자라길 멈춘 나무 앞에서

오욕 가득한 몸뚱이 버티고 나무와 마주 서보면
나무 뒤로 노을도 없이 해가 저물어
나는 오늘 밤도 시름 깊을 '한' 그루 나무가 된다.

* 거진 보살이 다 된 정효구 교수의 「나무바라밀」 첫 구절이다.(29쪽)
  2021년 11월 말경 『파라미타의 행복』, '시적 명상 에세이'란 부제가 붙은 책을 받았다.

식욕, 겁나는 식욕
- 잡초를 두고 하는 생각

인류의 식량난을 걱정하던 어느 수업 시간이었지.

장작, 아궁이에 때지 말고 그대로 씹어 먹고
원유야 너무 짙어 고약하지만,
석유나 휘발유도 맥주처럼 들이마시면
그게 소화가 안 되는 이유가 궁금해서
광물성 식품을 연구하겠다는 소년에게
선생님은 '불가살이' 이야기를 했었지.

고려 개경에 한 맺힌 과수댁이 있었는데
남편이 반역죄를 쓰고 칼에 목이 달아났지.
칼도, 창도, 도끼 등 쇠붙이 먹어치우는 놈을 만들었어.
끼니마다 밥알을 빚어 무섭다는 동물 모양대로
형상을 빚어 원한의 혼을 불어넣었다는 게라.
이놈이 쇠라는 쇠는 모두 먹어치우는지라
칼이며 창, 도끼 같은 병장기 모두 쇠 똥이 되었지.
마지막으로, 자기가 태어난 밥솥까지 먹어치워
밥 안칠 솥이 없어, 이름 높은 스님 모셔다가
목탁 두드리며 대나무 지팡이로 이놈을 내리쳤지.

뇌성벽력과 함께 지동이 쳐서 천지가 진동하매
쇠라는 쇠는 다시 다 살아나
높은 쇠북 소리 긴 맥놀이 끝에 바랭이 같은 백성들
나무 숟가락 쇠숟가락으로 거반 바꾸었다는 게야.

인간은 염소가 아니라서, 바랭이나 소나무 먹지 못한다.

번개로 쇠를 녹여 먹으면, 국태민안國泰民安 시화연풍時和年豐···· 쇳소리
잡초 속에 녹슬어 녹아나고 비가 그친다지. 영영 그친다지.

땅귀신

어지러운 꿈을 이어 다섯 점 치는 소리,
화들짝 깨어 고구마 밭으로 나간다.

바랭이 짙어 흐드러진 고구마 밭
풀을 뜯고 줄기를 한쪽으로 제쳐준다.

한 두둑 끝나, 허리 툭툭 치고 섰다가
다음 두둑에 들어 바랭이 뜯어 올리는데

바랭이에 옭혀 몸이 땅으로 패대기쳐질 기세다.
아, 늙은 할아버지 주름진 얼굴 웃는 듯 다가온다.

"밭고랑에서 일하던 농사꾼을 땅이 잡아댕기면
농사꾼은, 땅귀신 따라서 저승에 간단다."

할아버지 말씀 머리를 쳐 땅이 빙빙 돌고
동쪽 산 뒤에서 해가 솟아 정수리를 지진다.

땅귀신은 사람을 잡아가고,

또 땅귀신은,
고구마를 길러 어느 집안 한 가족 먹인다.

매화 梅花

매화 필 때가 되면 신열이 도진다.

매화 봉오리 보고 있노라면
겨우내 얼었던 핏줄에 물이 오른다.
핏줄에 물 흘러가는 소리 땅속부터 울린다.
땅속에서 하늘 꼭대기까지
드디어, 이내가 향기처럼 지핀다.

새벽 아침, 정자 지붕 서리가 하얗게 앉았다.
서리 아침 피어난 매화는,
벌 나비를 돌려놓고 매운 향기만 날려보낸다.

매화 향기 더불어 핏줄은 일어서고
관념의 관자노리에 열기가 지펴
멀리 어느 언덕에선가 벌 잉잉대는 소리도 들린다.

산수국 山水菊

진짜에 눈웃음 짓고
가짜에 진저리 치는 그대여……

진리에 환호하고
허위에 탄식하는 당신, 당신 말인데……

산수국 앞에서는 이따금, 문득, 갑자기, 또
뒷머리라도 긁적이면서 눈을 비빌 일이다.

한라산 어리목 짙은 숲 그늘
도깨비불처럼 형형하니 인광으로 빛나는 꽃잎
그게 벌 나비 불러 앉히는 거짓 손짓일망정
아름다움의 경계는
꼭 말이지, 꽃잎과 열매 사이라야 할 이유가 없어
포인세티아 '붉은 꽃'에 속았다고 목매달지 않듯

무대 위에서 춤추는 그대가 꼭 내 연인 아니라도
춤은 춤으로 눈부신지라, 순간의 환영도 무덤까지 간다지.

대추나무(에 걸린 기억들)

오월에 들자,
대추나무에 드디어 잎이 나기 시작한다!

할아버지 언제 죽느냐던 손주는,
밤이랑 대추가 먹고 싶었을 뿐이라며
터진 볼에 대추꽃 닮은 눈물이 맺혔다.

대추나무 연 걸리듯 빚투성이였던 젊은 애비는
생각이 많기도 해서, 만리장성 가로질러 널을 뛰었다.

손주 녀석 사타구니에 고름이 들어 한의원에 갔다.
들이대는 바수에 기절했다 깨어난 아이에게
얼굴이 대추같이 늙은 한의원은 대추 한 줌 쥐여주었다.

손주는 자라도 자라도 덩치가 대추씨만 했는데
사람 단단하기가 대추나무 방맹이 꼭 닮았다.

대추나무 방맹이 영감에게도 자식이 원수인지라
벼락 맞은 대추나무 인감 들고 서러운 빚보증 간다.

모란도 牧丹圖

윗말 지 참판 댁 장꽝 모서리
율목이 배시시 눈뜨는 날이면
살파심 좋은 젊은 아지매
치맛자락 사려들고 아랫마을로 내려오곤 했다.

아랫마을 사내들이란!
내외하며 목을 꼬고 돌아서서
아하, 사람이 저쯤은 돼야 풍덩 안고 뒹굴어 보련만……

모란꽃 끝동단 옷소매 다소곳 쳐들자
산자락 철쭉은 저절로 붉다가
와르르 와르르 꽃잎은 떨어져 사내들 오줌 지렸다.

천지간 향기로 가득한
그 절정의 노래 한판 지나가고
연둣빛 바람이 불어, 원산 포구 백사장에도 모란이 피겠다.

탱자나무

탱자나무 가시를 볼 때마다 나는 칼을 빼어들곤 했지.
오늘 아침, 이건 개벽이다……
서럽도록 하얀 탱자나무 꽃을 보고 나선 합장을 했다.
칼과 염불 사이에 탱자나무 억센 가시가 버티고 있다.

줄기가 가시이고, 가시가 줄기인 이 식물
그걸 두고 '검수야합'을 다시 생각하거니(!)
가시는 눈부신 꽃을 그늘로 가리지 않는다.
가시는 향기로운 황금열매 탱자를 찌르지 않는다.
가시는, 그 꽃에 그 열매인지라 향기가 눈부셔
외부를 향해서만 날카롭게 항전할 뿐이다.

한때는 법이 죄를 만든다고 피를 몰아줘었지.
이제는 죄인이 법을 만든다. 몸에 피가 다 빠져나간다.
사람이 법이라고, 사람이 하늘이라고 믿었던 나는
남중하는 태양 아래 그림자를 잃어 하늘로 증발한다.

칼 든 도적들이 팔만대장경 다 왼들 해탈이 올까.
미안하다, 애들아. 정말 노사연 언니처럼 미안하다.

"좆도 모르는 놈이 불알 보고 탱자탱자 한단다."
민주주의가 최후의 황금열매인 양 노래하던 나는……

가시가 줄기이고 줄기가 가시인 이 음험한 식물 앞에서,
눈물처럼 새하얀 이 꽃의 환영 앞에서, 나는 말이지,
이제 장도칼 물고 앞으로 고꾸라져야 하는 화상이다.

등나무

지난여름 그 싱그런 꽃송이
연보라 꿈 등꽃,
그 기억이 못내 아쉬워
바람 속에 해토하는 뜰에 나가
메마른 덩굴 어루만지며 바라본다.

이 식물은 이름이 그저 한 음절, 등藤이다.
칡과 성질이 닮아 둘이 함께 갈등葛藤이다.

등나무는 자기 몸을
자기가 감고 올라가
하늘로만 뻗다가 말라서 삭정이가 된다.
등나무 그늘에선
자기 새끼가 시들어 죽는다.

나도 생리가 등나무를 닮아
칡덩굴 만나면
내 목숨에 내가 생채기를 내기도 하고
내가 다듬어낸 언어를

내 뜨거운 언어로 말려버리기도 한다.

뽕나무 감고 올라가
너울어지는 등꽃 보려면
뽕나무에 철심이라도 대 주어야 할 모양이다.

보랏빛 꿀 냄새 향기로 자지러지던 등꽃은
못된 생리를 가리는 가면이었는지도 모른다.

호두를 따면서
– 견고함에 대하여

호두를 시로 쓴다고
한 번이던가 손 기척은 했으나,
호두는 자못 당당하고 오만해서 다루기 까다롭다.

상수리나 알밤처럼
견고한 껍질은 마찬가지거니와
호두처럼 손에 집히는
존재의 서늘함

견고한 삶을 추구했으나
일상은 허접하고 부실해서……
안을 들여다볼 여가가 없었다고
그런 짬이 주어지지 않았노라고
그저 그림자처럼 출렁이며 먼 길을 왔거니

아니 다시 생각해 보니
견고함만으로 싹을 틔우지 못하는 법
그 단단한 호두 껍질 속에 살갑고 부드러운
씨앗의 속살이 있어, 그 속살 지키느라고

호두는 껍데기가 견고해서 다루기 어려운 것을.

견고함을 지향한 그대의 삶이란
아득해서 아지 못할
부드러움을 찾아가는 자갈길이었음을.

남천南天

하늘의 운행이 건실하지 않으면
땅 위의 인간들은 바람을 탄다.

겨울로 접어든다는 한쪽을 지나면서
비가 오고 나면 급작스레 추워진단다.

파초. 그 비대한 몸뚱이를 베어 넘기고
마른 제 잎 얹어 덕석을 씌우고 허릴 편다.

한 해 키를 높이고 빛나는 잎을 기른 보람
홍보석으로 익어서 붉기가 주사朱砂를 지났다.

붉은 열매 한 아름 따 들고 들어오는 아내
얼굴이 열매처럼 붉어 시간은 역류한다.

수수

아침 일찍 잠 깨어 텃밭에 나가본다.
엊그제 심은 배추가 제법 잎이 벌었다.

이 시간의 감각이란 망실의 기억일 터.
밭머리 우람한 상수리나무 아버님의 형상.

척박한 밭둑 수수가 긴 목을 내밀었다.
수수 따라 나는 문득 어린 시절로 돌아간다.

생일날이면 수수팥단지,
막걸리라도 생긴 날은 수수부꾸미
가난이 허리춤에 얹힌 아버지는
'수수잎갈치'를 한 손 들고 밤이 늦었지.

수수 메마른 잎이 설렁설렁 바람을 타면서
눈을 기다리던 때 되돌아오면
나도 더불어 등불로 오래도록 밤을 밝혀야 하리.

대화무어 對花撫語
– 꽃을 두고 말을 어루다

꽃은 색色이라서
또한 미혹迷惑이다.

어스름 전에
어찌어찌 말을 걸면
한 마디쯤은 답을 않겠나.

탁주 잔 전두리
뻐꾸기 울음
차곡차곡 자지러지는 한 짬을

땅거미 묻히기 전
한 마디만 그저 한 마디만
모란의 말을 듣고자

꽃 앞에 앉아
모란, 네 꽃잎이 왜 붉은지
나는 묻고, 꽃은 입을 다문다.

소쩍새 울음만

어둠만큼의 거리 저쪽에서

꽃잎을 어루는지 까뭇 어둠에 묻힌다.

감자 심는 날

흙 다루는 일이 버거워
괭이 자루 잡고 허리 펴고서는
하늘 바라보기를 자주 해서
밭고랑이 저 끝이 아득히 멀어 내 생애처럼 늘어졌다.

살파심 좋은 흙고랑 열 줄
파고 – 넣고 – 덮고 – 누르고
파고 – 넣고 – 덮고 – 누르고‥‥
두엄 냄새 옷소매 젖어들어 나는 철없는 밥통이 된다.

눈을 보아 잘라 다듬은 씨감자
형제들 뿔뿔이 갈라져 살 듯
다른 구멍으로 들어가
칼질한 상처 위에 싹이 돋는 동안 초승달은 그믐으로 이운다.

씨감자 눈이란 눈마다 그리움 가득하여
아내며 아들이며 며느리, 형제들과 친구들까지
포슬포슬 혀에 녹아나는 녹말 고운 가루

산마루 날리는 구름 지나면 소금기 밴 땅거미도 다가와 어룽지리.

※ 2021년 3월 19일, 아내와 감자를 심었다.

꽃에 대한 불평

꽃은 말이야,
산 사람과 죽은 사람을 가리지 않는 모양이야.
산비탈 오래된 무덤가에도 피고
말야, 가난한 집 담 밑에도 피거든.

꽃의 뿌리는 말이야⋯
그 집 엉덩판 거판진 마누라 오줌도 고맙고
다른 거 다 죽고 물건만 팽팽한 영감 엉덩이 거시기도 마다하지 않잖아.

매화 말이지,
꽃에 온통 폭 빠져 헤어나지 못하는 눈에는 눈꽃처럼 소담한데
산전 한구석에 몇 그루 꽃은 잡목 숲에 향기를 숨기고 다소곳해야.

왜 이러냐고 묻는 거야?
소설 한곳만 쳐다보고 살아서 그런지
목이 좌우로 잘 안 돌아가니까, 앞만 보고 걸어서 그런

모양인 게지.

　꽃값이란 말 있잖아,
　그게, 이념과 계층에 따라 달라진다잖아, 꽃이 꽃 아닌 거야,
　최희준 투로 하면, '꽃을 보는 날은 남 몰래 쓸쓸해진다'는 게야.

난초蘭草

최 주사네 재취던가 셋째던가
팔을 접어 이마에 올리고 졸다가
낮닭이 울어 문득 깨어나는 시간

장꽝 뒤 담 밑에 난초가 고개를 들고 일어나
꽃대 꼿꼿한 위에 연분홍 순정 한 자락 울음으로
부지런한 벌도 한가한 때를 받아 호젓이 피어났다.

대궁은 정욕처럼 일어서서 막 절정을 향하고
연분홍 순정 말고는 아무 말도 없는 허적의 공간
바람이 쓸어주는 허무의 시간을 꼿꼿이 버티다가

시간을 거슬러 올라가,
과수댁 시름 닮은 난초
할머니 모시치맛자락
허전히 허전히 대청마루 쓸던 오후
할아버지는 수염 짙은 최 주사와
꽃대궁 같은 창 자루 잡고 척화양이斥華攘夷를 모의하고
있었다.

※ 봄에 푸른 잎이 창끝처럼 돋아났다가 문득 사그러든 다음, 두어 달가량
  기다리노라면 대궁이 꽃봉오리 달고 올라와 연분홍으로 피어나 기억을
  곱게 불러온다.

호두를 깨면서

호두를 깨다가
망치로 손가락을 쳤다.
눈물로 기억이 어룽져
할아버지 얼굴이 떠오른다.
"어디 보자, 요놈 불알이 호두 알만큼 컸겠다."

불알 만지는 할아버지
호두 망치로 머리 때리고 싶다던
얼굴 환한 선배가 있었지.
그 빛나는 청춘
4·19 때 총탄 맞고 저승으로 갔다.
그 총탄 호두 알만 했을까.
그 호두 알 누구 가슴에
싹이 터서 호두나무 되었을까.
세월의 '주름' 새기면서
몇 번이나 호두가 열렸을까.

겨울 지나 메마른 호두 알맹이
아직도 두어 됫박은 남아
살려달라고 다글다글 가슴속을 굴러다닌다.

매미

하지 지나 한 달 가까운 어느 날,
올해 첫 매미가 울기 시작했다.

매미는 쇳소리로 쳐온다.
소리에는 형상이 없다.

매미의 이력은 등껍질에서 부서진다.
우화등선羽化登仙 연후에도 마른 껍질은 소리의 형상이다.

매미가 어두운 땅 밑에 사는 세월은
내나 그대나 햇살 밝은 경험 밖 저쪽이다.
어두운 땅 밑 네 번인가 허물벗기를 한다는 이야기
점자로 찍혀 온 것이라서 손끝으로 더듬어서 안다.

매미 울음, 지축이 기운다는 걸 알려와
한 해는 이울고,
꿀밤송이 실한 가시 달고 말매미 소리로 익어간다.

밤송이 아람 벌고 대추 볼 붉어지면

매미는 7년의 적막, 동안거에 들어간다지.
굼벵이로 햇살 등진 날들, 태양은 돌밭에서 칼을 간다.

※ 2021년, 매미는 7월 20일부터 울기 시작했다.
※ 우화등선은 매미의 경우, 선탈蟬脫인지라 우화등선羽化登蟬이라 써야 한다.

개구리 나이

산자락 밀어 올라가는 녹음을 두고
뇌쇄적惱殺的이란 말을 생각해내곤
곧 이어서 녹색은 위험해! 놀라서
괭이 거둬들고 참나무 이파리 뒤집는 바람
잠 안 올 때 양을 세듯이 내가 더듬는 녹음
그건 여전히 '죽여주는' 것이라고
내가 죽어 녹음 위 흘러가는 한 줄기 바람 되고 싶다고
시인이 해서는 안 되는 말을 중얼거리고 있었지.

발 앞에 금빛 개구리 한 마리 흙을 뒤집고 나와
내 바지가랭이로 자꾸만 뛰어들고 있었지.
살겠다는 것인지 죽겠다는 것인지
도무지 정신줄을 놓은 것 같아
아, 내가 이제껏 저렇게 살았네, 중얼거리고 있었지.

내가 흙을 뒤집고 나온 개구리처럼 살아온 세월
그걸 깨닫는 데 칠십 년이 걸렸다면
내 신세 닮은 저 개구리 몇 살이나 되었을까.
대개, 십 년 정도 사는 이 미물 앞에서

녹음이 왜 기쁨인지를 석가모니는 알았을 게라고 중얼거리고 있었지.

※ 〈Green for Danger〉 1946년 영국 영화, 녹색 마취약 통…
※ 녹음은 가만히 보면 금빛이다. 이 유명한 구절 "Grau, teurer Freund, ist alle Theorie, / Und grün des Lebens goldner Baum." 괴테, 『파우스트』 메피스토의 말.
※ 석가 탄생지 네팔의 룸비니는 초파일에 이미 여름처럼 덥다.

작품_ 이철량

2부
시간時間의 노래

겨울 산

그대 엄숙함은
시간이 오래 흘러도
발효되어 사랑으로 변할 줄을 모른다.

역사 한 자락도
사람의 목숨 결단하는
삼엄한 언어가 쌓인 적설, 눈은 녹지 않는다.

내게 온유함을
허여해 주소서⋯!
기도가 미치지 못하는 땅, 해토의 햇볕은 아득하다.

설날

설날 하루는 '여러분'에서 물러나
손녀가 좋아하는 고사리 다듬어 삶고
도라지 껍질 까서 쪼개놓으면서
손마디 부풀어 오른 아내를 바라보기도 한다.

설날은, '만사형통'하라고 전해온 신년 인사는
슬그머니 책상 옆에 제쳐놓고서
그 만사 가운데 알밤을 찾아 냉장고도 더듬어본다.

설날은 '연부역강' 그런 말도 있었거니
과거형으로 밀쳐놓고서는
마른 마당을 쓸고, 코끝 매운 찬물로 세수를 해서
꿈에 젖은 정신 가다듬어 쥐띠 나이를 짚어본다.

설날 가장 어려운 것은… 떡값이나 세뱃돈이 아니다.
일곱 가지 죄종罪宗의 하나라는 식탐食貪을 물리고
술잔을 두어 차례 잘라서 마시는 절주의 연극이다.

설날은 사십 넘은 아들 턱수염 치올려 보면서

'새파랗게 젊다는 게' 너의 밑천이라고
애비는 아직도 젊다는 억지를 부려도,
돌 기다리는 손녀는 옹알이 사랑스럽고
애들은 세뱃돈 쓸 궁리에 스마트폰도 여벌이다.

설날은 생의 실감을 회복하는 재생제의, 라야 한다.

손을 위한 축가

우리 말버릇을 바꾸기로 하자.
빈손으로 왔다가 빈손으로 간다는
바람기 가득한 말버릇을 고치자.

칠십 년 틀어쥐고 달려온 시간의 동아줄
봄날의 안타까운 꽃과 잎과
여름날 등판 지져대는 태양의 축복
가을 단풍과 겨울 열매
당신의 그 손에 넘실거리고 일렁이거니
고뇌로운 축복으로 가득한 손이여!

칠십 년 감싸 안고 더터온 멀고먼 길에서
삼 남매 삼갈라 길러낸 손
집 마련하여 살아낸 그 손
땅 장만해 땀 흘리며 곡식 가꾼 그 손
남편의 마디진 손 잡아주곤 하던 따뜻한 손
거친 땅 벌판에서 무지개 피워올린 손이여!

부지런한 손은 스스로 그윽한 빛을 발하거니

시간과 공간을 마름질하여 창조하는 손에
그 봄날 황홀했던 꽃은 다시 피고
여름 여행길의 풍경은 다시 살아난다.
새로운 소망으로 따뜻하게 달아오르는 손
빈손으로 왔다는 손, 기억과 소망으로 가득하여

그대 손으로 다듬어낸 새 어법으로 말하라.
공수래 만수거 空手來 滿手去
빈손으로 와서 세상 가득 빛을 뿌리고 가야 하거니….

서리는 어떻게 오는가

몸이 고단한 밤이면
몇 줄 시가 오고
긴 이야기가 펼쳐진다.

가벼운 걸음으로 산에 오르고
강에 자맥질을 하다가
물결이 선뜩하게 등을 스친다.

시가 가뭇없이 달아나고
이야기는 중간에 가닥이 꼬여
적어둘 것을 잃어 허전하게 일어난다.

새벽의 고요는 한기로 가득하여
아침의 계단은 더디게 더디게 오거니
창이 번해지길 기다려 내다보면

팔각정 지붕 달빛 얹힌 양 하얗게 얼었다.

봄비 내리는 밤에

봄비는 추억의 건반 위에서
춤추며 다가와 품으로 안겨든다.

모란꽃 이파리 비에 젖어
추연히 늘어지면 햇살 그립겠다.

비 개고 나면 대밭에선 죽순이
창끝처럼 돋아나 지붕을 넘어서겠다.

꽃비 지나간 언덕에 잎은 푸르러
나비 떼들 무성하게 날아나겠다.

하지夏至

하지가 뫼면 마음까지 낙낙해진다.
한 해 절반 잘 살았으니 남은 절반쯤이야.

차를 몰고 시골집 찾아 나서는 길,
길도 한가로워, 속도 줄이고, 삼 차선으로 차를 뺀다.
숨 막히게 할할대는 저속 차량 뒤에서 나는 느긋하다.
길 옆 논에는 백 일 바라보는 벼가 감실감실 기운이 올랐다.

* * *

정자마을 입구 고패진 아스팔트 길 옆
태양은 내리쬐고, 늙은이 하나 알머리로 서서
무슨 작정인지 애절하게도 손을 흔든다.
차를 세워준다. 월천 공덕이 차량 공덕이 되었느니

연애하고 오는 모양이오만, 애인이 차는 태워줘야 쓰지 않소?
연애, 무슨 힘이 있다고 연애질을 한다오.
어디까지 가시오? 조 넘어 삼거리까지만⋯⋯
살기는 어디 사시오? 본래 원주가 집입니다.

가도 가도 삼거리는 안 나타나서…… 날은 길고……

애들 둘 두었고, 매일 술 마시고, 혼자도 마시고 친구랑도 마시고……

지금 몇인데 건강은 좋으신 모양…… 올해 아홉이란다.

정년 하고 십 년 지나는 중이라니, 나는 한참 아래로 보았소.

부론 면사무소 앞 '부론 독립만세 기념비' 지나

이담에 만나면 술 한잔 사시오. 그래야지요……

늙은이, 마누라랑 싸우지 않는지는 못 물어보았다.

하지니까, 아랫나세 노친 마누라 챙기다 멱살 잡히지, 해도 긴긴 날에.

봄은 유행가처럼

봄이라고, 봄이 왔다고
봄이 오니 꽃이 핀다고
봄이란 봄은 사박자 리듬으로 동원령이 내렸다.
꽃의 동원령을 거부하는 작대기들은 모두 '총살'이다.

봄이 간다고, 꽃이 진다고
인생은 허무한 것, 규정도 하면서
꽃 지는 인생 서러워 운다고 세상은 눈물이 흥건하다.
봄이 저무는 언덕, 사랑을 노래하는 이들은 모두 '시인'이다.

봄이 한창일 때….
봄을 생각하는 수수깡 인간들이 있어
봄은 꽃 계절이며 또한 혁명의 계절이라고 속을 뒤집는다.
꽃에 환장해서 우는 울음 또한 내년의 봄을 기약하는 '맹세'다.

봄은 오고, 가고
– 석영의 '송춘사'에 화답함

꽃은 앞으로만 달려가며 핀다.

이야기는 거꾸로 가기도 해서
청매 환한 아래 쑥을 뜯으면서
지난겨울 손가락 마디 얼음 백인 아픔
꽃잎으로 하늘하늘 떨어지기도 한다.

매화도 피고 지는 순서가 있다.

청매가 눈 내린 아침 설화목雪花木처럼
먼저 피어 한 다발 꿈으로 앙버티는 동안
말은 백매라도 봉오리마다 분홍으로 부풀어
울다가 울다가 관음상의 연분홍 광배가 된다.

인연의 꽃차례 그게 윤회인지도 몰라····

매화 앞서 핀 산수유 이울기 시작하면
짱끼란 놈은 목청이 패어서는 짝을 부르고
산모롱 복사꽃 그늘로 돌아가는 뒷모습
복숭아 단물 잡히면 한 아름 웃음으로 돌아오리.

눈 오는 아침에

멀리 달아났던 너의 얼굴, 얼굴
이 아침 봄눈이 와서
찬물로 세수한 양 풋풋하게 나풀거린다.

해토머리 메말랐던 길이며 들판
이 아침 봄눈이 사분거려
지나온 발자국 지우며 아득히 멀어진다.

매서운 아침 바람 뚫고 피었던 매화
이 아침 봄눈이 수직으로 내려
벌도 못 보고 얼어서 설중매 될까, 어쩐다나.

우크라이나, 끝도 없이 펼쳐지던 해바라기 밭
그 벌판에도 눈이 서럽게 흩날려
불타버린 탱크 밑에 수선화 싹은 일그러지고
엄마가 어린 딸 부둥켜안고
식어가는 가슴 끌어안고 손가락 시침時針처럼 굳어갈.

눈이 내리면 나는 한 마리 검둥 강아지

눈밭에 구르다가 눈을 뭉쳐 먹어보기도 했는데
눈은 진실을 가장하며 순백으로 내렸지!
먼지 냄새 흙냄새…… 그 속에 나는 공연히 들뜬다.

바람

바람은 늘 사이를 불어간다.
바람은 언제든지 틈새로 불어온다.

과거와 미래의 사이에 바람이 가득하다.
희망과 절망 사이에 바람은 뒤눕는다.

나와 남 사이에 바람은 일렁인다.
우리 사이에도 바람은 소용돌이친다.

사막에 부는 바람은 하늘과 땅 사이를 갈라놓는다.
골짜기를 타고 올라간 바람은 하늘에 회오리로 오른다.

바람은 삶과 죽음의 사이로 불어간다.
바람이 미치면 삶과 죽음의 사이가 무화된다.

시간의 바람은 거꾸로 불 줄을 몰라서,
내게 허여된 삶의 골짜기를 불어가 저승에 이른다.

※ 2022년 2월 7일 석영의 「바람」을 읽고

겨울밤

산봉을 넘어가는
고라니 울음에
달빛이 흔들린다.

아래 동네 개들도
발이 시린지
하늘의 별을 짖는다.

흔들리던 달빛
창에 어룽져서
은침으로 댓잎에 박혔다.

하늘에 꽃배가 가득하여

추운 날 밤 밖에 나서면
나는 천진하고 착한 아이가 된다.

땅이 두껍게 얼었다.
땅에 묻었던 수도관도 같이 얼어 물이 끊겼다.

꿈속에서도 푸르게 자라나는 창포 줄기 앞에
공연히 부끄러운 오줌 줄기를 세우다 하늘을 보았지.

하늘은 산봉우리들이 품어 안은 호수라서
꽃배들이 다문다문 떠서 눈을 섬벅거린다.

아, 나의 꽃배들은 향기 묻은 이야기 싣고
자박자박 노를 젓다가 서로 돌아보기도 했지.

유년의 하늘에는 세상에! 이런 일도 있는가.
하늘에서 꽃배 한 척 옆길로 삐져나와서는
겨울밤 소년의 배꼽 밑에 꽃을 달았단다.

향기도 얼어붙는 겨울밤에는 별마다 꽃이 되지.

추분 秋分

추석 무렵이면, 시간은 거꾸로 흐른다.
추억은 초원의 빛깔로 살아나고
아직 남아있는 꿈은 단풍이 들기도 한다.

당신과 하는 동행이 아름답다고
아내와 바구니 들고 밤 주우러 나간다.

호랑거미가 부지런히 거미줄 쳐서
먹이 사냥에 혼이 빠지는 시간
벌들은 남은 햇살로 집을 짓는다.

밤나무 자라 그늘이 깊어진 뒤뜰
밤톨들이 서늘한 땅에 밑을 대고
시간의 뿌리를 깊이 내리는 사이

다 엎질러진 삶의 바구니에 담기는
두어 가닥 서늘한 지혜 있어
버리고 버려야 이승의 육신 가벼워져
구름 위 날아가는 서늘한 향기 되려니‥‥

유년의 아침

할아버지 고드랫돌 달그락거리는 소리
건넌방 웃목 통가리 안에 고구마 썩는 향기
썩으면서 싹이 날까, 취해서 잠이 솔솔 오는 동안
불알이 떨어져도 댓 번은 떨어졌을 할아버지 기침 소리

큰 대문 문기둥 돌쩌귀 오줌 누는 도둑놈 꿈을 꾸다가
키를 쓰고 범 내려오는 산길 올라가는 중에도
중중 까까중 바랑망태 꿀럭꿀럭 불알망태 덜렁덜렁
흐벅지게 웃으면서 신들메를 고쳐매지 않았던가.

우리 손주 향낭 차고 날개 달고 이 산 저 산 훨훨
천지신명 호위하사 맨땅 위에 뛰어놀다
자빠지면 일어나고 일어나선 깃을 치고
효제충신 무병장수 나라에는 동량감으로 커가실제⋯⋯

비손하는 할머니 옥양목 치맛자락
아버지는 군불 지펴 청솔가지 타는 냄새
정화수 그릇에서 얼음 조각 건져먹는 동안
아침 까치가 까작까작 둥근 해를 끌고 왔다던가.

어머니 쌀 씻어 아침밥 안치는 소리
장닭이 목을 뽑아 세 홰째를 울어대고
닭 소리에 잠 깬 검둥이 언제 나갔는지
꼬리에 해를 달고 달려와 왈왈왈 짖어대서

아버지 고봉밥 밥그릇 오봉산 산자락
앞이마 땀도 맺혀 동치미 이가 시리고
네가 홀몸이냐 한 술 더 먹어라 밥을 나투는 할머니
깝죽한 턱에도 홀쭉한 뺨에도 햇살이 환하게 벌어⋯⋯

보리누름

들판에서 가마솥 밥 냄새가 난다.

입하立夏에서 소만小滿 건너가는 들녘
식구들 배 곯리지 말아야 한다고
꿈에도 고봉밥 밥사발 김 올라가던 나날

괭이자루 잡고 멈춰 서서
투덕투덕 주먹으로 허리 두드려도
보릿고개 날맹이 질마처럼 허리 휘던 세월

가을에서 겨울로 불어가는 밭고랑
맨발로 디뎌다진 뒤끝 들판이 누렇게 물들어
아이들 뛰며 외치는 소리 까마귀 나는 보리밭이다.

빈센트가 이 들녘을 다녀가 가슴에 총을 당긴 모양이다.

※ 빈센트 반 고흐-〈까마귀 나는 밀밭〉을 들춰본다. 1870년 죽기 얼마 전의 작품이다.

그해 추석

쌀알같이 뽀야니 돋아나는
우리 아기 앞이빨……
그거 감싸는 붉은 입술 열고
가을이 미리 익어서 온다. 올벼 이삭처럼 온다.

상기도 남아 있는 기름질 냄새
고단한 하루 코골이로 뿜어내면서
아내가 몸을 쉬는 동안 나는 말똥말똥 먼 하늘 별을 헨다.

아들들 내외가 아이들 데리고 와서는
대청 가득 웃음 풀어놓고 차례를 올린다.
멀리 사는 딸 내외가 절을 하면서 가신 분들 짧았던 생애를 훌쩍인다.

저녁노을 도시를 덮고 타오른다.
땅과 하늘과 인간을 얼싸안아 타오른다.
타오르던 노을 가라앉고 거리에 가로등 빛나, 오늘이 추석인 걸 생각한다.

땅거미에 온 사람

그 기막힌 말
'땅거미'를 방치하고
구태여
개와 늑대의 시간을 이야기할 때
'개와 늑대의 시간'은 이제 지나가 버리고
땅거미에 이어서 까뭇 다가오는
먹장 어둠이 거기 있거니‥‥

개와 늑대가 준동하는
그 시간 가고 밤이 지나면
밝은 낮이 와서
안개 걷어가는 그런 환상

l'heure entre le chat et le loup

다가오는 검은 물체가
갠지 늑댄지 구분 안 되는
脫 게슈탈트의 그 지점
정신 놓고 설치는 이 무리배들

이제 어둠이 내려
그 어둠 속에 시대가 저물어

멀리 개 짖는 소리·…
낯선 손님이 오는 모양이다.

뿌리

한식 앞두고, 성묘하러 간 길이었다네.
동생들과 아들, 손주 함께 산길 올라가
잔디 사이에 제비꽃 연보라로 피어난 무덤
잡풀 뽑으며 잠시 잠시 들어 보는 부푼 손마디

사람이 죽으면 왜 땅에 묻느냐는 손주의 물음에
하늘나라에는 땅이 없어서 못 묻는다고 대답하려다
기억에 뿌리내리고 있는 니콜라 푸쌩의 한 구절
'아카디아에도 죽음은 있다'지만, 아카디아는 지상

무덤 봉분 위로 나비 한 쌍 춤추듯 날아난다.

하늘나라 간 사람들은 다 어디에 묻히는가 또 물어
화사하게 피어난 진달래 꽃잎마다 나비가 되어
하늘로 올라가 빛깔 고운 뿌리가 내린다는 대답

뿌리는 땅에만 내리는 게 아니란다, 사람은 말이다,
시간 위에다가 뿌리를 내린단다. 긴치 않은 설명을 더해서
할아버지는 아버지의 뿌리이고, 아버지는 너의 뿌리이고,

너는 누구의 뿌리가 되려느냐, 나는 꽃이 될래요.

봉분 위에 춤추던 나비 한 쌍 하늘로 멀리 사라진다.

진달래 꽃잎 와르르 쏟아져 흙 속 뿌리로 돌아갈 모양이다.

※ '아카디아의 목동들'이 더듬어 보는 돌비석에 ET IN ARCADIA EGO라고 새겨져 있다. 2021년 4월 3일 오늘이 제주 4·3 그날이다.

해가 바뀌고

그게 잠시 잠깐이면 어떠리
또다시 제자리로 돌아간들 무엇이리

나를 옭아맸던 인연의 실타래 풀어서
헌 옷가지처럼 옆에 개켜두고
먼데 산을 바라보며 나이를 헤아려도 보자.

한 톨의 씨가 자라 거목이 되듯이
몇 방울 물이 모여 강물로 소리쳐 흐르듯이
구름 제치고 나오는 별이 나를 우주로 이끌 듯이

헤아릴 길 없는 시간은 스스로 소릴 내면서
무한공간을 지나 영겁으로 뻗어가다가
메아리 되어 되돌아와서는 내 등뼈에 침을 지른다.

바람이 사납고 열매에 벌레가 드는 것도
추위에 햇살 언 바람에 댓잎 마르는 일도
별을 노래할 가락을 잃는 죄업도 내 탓이려니····

해가 바뀌고, 내일을 맞을 시간
머리를 감자, 발을 씻어 들메끈 고쳐매고
햇살 내리는 길로 떨치고 나서면 비둘기도 날아오지 않겠나.

아침

지붕 꼭대기
밤을 새워 설레던 바람
풋밤 밤송이
억센 밤 가시
가시에 찔려
조용히 아래로 내려앉았다.

애호박 배꼽 자리
보관은 황금으로 타오르고

나팔꽃 푸른 눈동자
옥잠화 내려다보면서
보랏빛 입술로
꽃잎을 더듬어

고추잠자리 가득 날아올
건너 산 능선 위
아침이라, 북새가,
꽃구름으로 날린다.

작품_ 여태명

3부
노상路上의 노래

무릎

아래 밭 팔십 먹은 아주머니는
무릎을 꺾어 쪼그리고 앉아
들기름 자르르한 들깨 모종을 심는다.

세월을 오기로 버텨온 것도 아닌데
무릎이 꺾이지 않는 나는
낙타가 일어서듯 허리 꺾고 모종을 심는다.

존재의 상승과 추락 사이 오가면서
굽혔다 폈다를 반복해온 이 관절에
석회가 끼고 기억은 회칠한 무덤이 된다.

악신은 내가 무릎 꿇는 일을 허락하지 않는다.
기도는 하늘로 날아오르는 날개임을 아는 터라
자꾸만 흙밭으로 나를 주저앉힌다. 오, 하느님····

항복문서降伏文書

무어, 별다른 소식 있겠나 싶어
낡은 우편함을 헐겁게 열어두었다.

그리고, 상배한 선배에게는
주소를 알려주기도 했겠다.

어느 날부턴가 내 갈비뼈를 조이는
문건들이 아침저녁으로 날아들었다.

무릎을 꿇어라, 그리고 항복하라.
네 의지와 인식의 허망함을 인정하라.

허접하기 이를 데 없는 지갑을 열고
알량한 입 놀리지 말고 다물라 한다.

마누라한테는 고맙소, 고맙소, 사랑하오
그렇게 고백해야 저승길 편하다 한다.

노탐, 노추, 노원, 노한…… 한마디로 노욕

다 버리고 죽음 또한 넉넉하게 맞이하라고

항복문서에 날인하라고, 너는 늙었다고.
늙었으니 항복하라는 명령을 거부하면서,

참숯 화덕에 넣어 나의 생애를 풀무질하며
나는 풋기운으로 죽을 거라고 숯덩이 집어 든다.

아이에게

아이야 차마,
너의 푸른 눈동자 앞에서
애비가 되어서
말이 어눌한 어른이 되어서

이런 말을,
이걸 말이라고
꼭 해야 쓰겠느냐.

카리브해,
푸른 바다에 태양이 자맥질하는
산호초 섬나라
아이티; 자유 평등 우애를 외친
아프리카에서 팔려온 노예들이
한판 뒤집어 엎어
세계 유일의 성공한 노예혁명,
그 위대한 혁명을 이룩한
히스파니올라 섬 한쪽
그 작고 위대한 나라에서

"매일 사람이 죽고 시체가 불타는 모습을 본다."
이런 헤드라인, '갱단 무법천지'라니‥‥
'살인, 약탈, 방화가 판치는' 아비지옥이라니

사람들은 이걸 노예 역사의
고질 병통이라 하는데,
경제난, 양극화, 정치권의 부패
거기 아직도 물새는 날고
하늘에 흰구름 떠오르리
땅이 진노해서 나라를 한판 뒤흔들어놓은 이후‥‥

이 나라, 눈동자 선한 아이야
아이티 같은 재앙이 두려워
자갈밭에 무릎을 꿇는다.

아이야, 눈자위 푸른 아이야
네가 인간이라는 게 가슴이 아파
애비는, 차마 눈물도 못 씻어내겠다.

손이 예쁜 간호사

병원에 갈 때마다, 나는 말야,
예쁜 간호사 만나고 싶어 안달이거든.

우리 애들 기를 때 기저귀 매어주던
노란 고무줄로 팔뚝을 털컥 묶고 저어기,

팔오금텡이를 검지 가느다란 손가락으로
밀어 더듬어 보다가, 핏줄이 잘 안 잡히는지
팔뚝을 툭툭 때려보다가, 손등을 말이지
손바닥으로 쩍쩍 치니까 마침내 저어기,
손등에 핏줄이 퍼렇게 일어나는 거 있지.

내 손등을 주삿바늘로 찌르겠다는 손이
아, 예쁜 손이 가늘게 떨려서, 미리 짜릿해서
긴장하지 마소, 하니까 거시기,
아뿔싸, 주삿바늘을 푸욱 밀어 넣는데 등골이 시려
헛기침하고 바라보매 떨리는 손은 상아로 빚은 듯

침 자리 거즈 얹고 봉합 테잎을 붙이는 동안, 어어라

손등이 퍼렇게 부풀어 올라, 도진 상처인 양 아프고
눈물이 찔끔 날 판인데 어어라, 손이 예뻐서
긴장하지 말라니까, 보상이나 든든히 하소. 제길할

내가 이승을 떠나는 날도, 할喝!
'초상났으니 춤들 추어라' 농담하며 눈이 칠 바람……

동해 東海

바다가 보고 싶어 동해에 갔었지.

바닷가 해안을 향해 파도가 달려와
바위에 몸을 던져 순백 비말로 부서진다.

파도가 핥고 간 모래사장 저 위로
물거품의 숨결인 양 '바람꽃'이 뿌옇게 일어
봄을 떠밀고 오는 큰 바람이 치댈 모양이다.

바다는, 파도로 일렁여 다가오는 바다는
겨우내 검은 빛깔로 내 안에 얼어붙어 있었는데
청옥빛 파도로 몰려와 절벽 껴안고 비말로 날린다.

절벽 때리고 무너져서 물러가는 파도 소리에
더불어, 밤새 일렁이다가 깨었다가 잠들다가
리듬도 멀미인지라 현기증과 함께 아침이 몰려와

한바탕 '북새' 속에 해를 수평선에 밀어 올리고 나서
내 속에 얼었던 바다 동해는,
청보리 언덕으로 푸르게 살아나 날개를 퍼득인다.

만해마을

장쾌한 물소리
삿된 생각 지우며
몸을 부수어 흘러가는 사이

새벽은 건너 산 산안개 펼치고
계곡물은 너와 나의 사이
바위 덩어리 드러내며 흘러간다.

몸을 부수면서 흘러가는 저 물이
어디에 닿을 것인지
헤아려보는 한 찜을

산안개는 더욱 짙어지고
어느 골짜기에선가
오도송 읊는 노스님
맑은 눈망울, 향기가 돌아
육바라밀의 풋풋한 어휘들

산근山根을 뒤흔들어 바다로 가는 여울
흘러라, 흘러서 서쪽 하늘에 닿아라.

밤새 우는 사연

산 밑 연둣빛 동네에 밤이 내리면
슬픈 새들이 울어, 피맺히게 울어
노인은 뒤척이며 거듭 돌려눕고 눈은 켕겨온다.

새소리 사연이 눈앞을 훌훌 지나간다.

아무리 맺힌 게 많아도 그렇지,
쑥국새가, 사흘 굶어 쑥국 먹고 죽은
외동딸이 푸른 국을 토해내는 소리라니.

꾹꾹이 우는 까닭을 물었을 때, 할머니는
새소리 흉내 내면서 눈을 문질렀는데
계집 죽고 꾹꾹,
자식 죽고 꾹꾹,
어린 소년은 숨이 막혀 헛기침을 했다.

이제는 알 것 같다…… 할머니도
물길 멀고 먼 제주의 '너영나영'을 알았던 모양이다.

할아버지 돌아가시고 삼웃날 할머닌 혼자 흥얼거렸다.
새벽에 우는 새는 배가 고파 울고요
저녁에 우는 새는 님이 그리워 운다.
할아버기 저승 가고서야 할머니는 새소리를 제대로 들었을까.

아니면, 아직도,
산새가 되어 밤을 도와 산자락 누비며 울고 있을까.

낮술

같이 술 마시던 친구들이
술병에 술 줄어들 듯
얼마 전부터
천천히
하나
둘
저승으로 가기 시작한다.

나를 가르쳐준 은사 만나기는 기약이 아득하다.

모교에서 베풀어준 스승의 날 행사
테이블에 같이 자리한 은사들께
잔을 권한다는 빌미로
내 잔을 비우고
빈 잔 들어
선생님 저 잔 비었는데요…… 저런!……

응석 부리듯, 그렇게 돌아가는 동안
몸에는 핏줄이 일어서고 정신은 말똥해져

기억에는 녹음이 다시 피어나고
무지개가 서기도 해서
아득히 펼쳐진 길에는 아지랑이까지 일어

내 와이셔츠 앞자락에 포도주 몇 방울
젊은 피가 양귀비꽃으로 벙근 듯 따끈따끈하다.

언덕에서
– 참회하는 하루

아글타글 세월 밀어가며 언덕 넘던 부부도
눈이 딱 맞아 손뼉을 치는 때가 있겠다.

언덕을 중장비로 정리해서 흙을 덮고 다졌지.
날 가고 달이 지나면서, 오래전에 내박쳐 묻어둔 비닐 무더기
서서히 얼굴 내밀어 허옇게 병색 짙은 얼굴 드러낸다.

'저걸 치워야지!' '쓸데없는 일 왜 하려고……'
…. 그리고 10년이 지났을까,
"저거 치워야겠지?" "나도 그렇게 생각해."
아내 볼에 떡갈나무 잎 닮은 윤기가 흐른다.

언덕에서,
종일토록 참회에 참회를 거듭하면서
끊임없이 줄줄이 밀려나오는 병든 창자 같은
죄의 끈은 길고 길어 떡갈나무 그늘에서도
눈 퍼렇게 뜨고 살아 있어, 내 장도 같이 꼬인다.
언덕으로 밀려내려와 달려드는 이 창사구라니….

참회는 남의 기도로 할 수 없는 일.
하기사, 목구멍 사는 게 절체절명 하늘의 뜻인지도 몰라.
더 일찍, 더 빨리, 더 크게 그리고 아쉬운 푼돈
두둑 비닐로 덮고 골에 깔아 풀 막아내던 세월, 배고픈⋯⋯

당신의 죄를 나라도 풀고 가야, 애들 앞에
흰 보자기 깔아주는 것이려니, 혼자 손녀 맑은 눈 생각한다.
비닐 누더기 두고 참회에 참회를 거듭하다가
허리가 휘고 눈앞에 녹음이 어지러워, 내일도 참회를 하련다.

십 년

한 뼘쯤 서산에 비낀 햇살
예각으로 눈을 찔러와
삽이며 쇠스랑 그리고 호미까지
흙물은 손수레에 싣고서는

도마질하는 아내의 뒷모습
고와도 보일 것 같아 배는 더욱 출출하고
무거운 다리 천천히 옮기다가는
주춤 발을 멈추고 앞을 바라본다.

내 앞에 버티고 선 한 그루 나무
목백합, 또는 튤립나무라 하는 그 나무
손가락만 하던 묘목이-었-었-는데……
멈추어선 적막을 뚫고 제 모습 갖추었다.

십 년 전 그 무렵, 온통 나무에 미쳐서,
하루 일백만 원 묘목을 사기도 했었지.
개평 하나 얻자고 부끄러운 말을 내어
알바 청년, 주인 몰래 내어준 회초리 하나

십 년이 다 가도록 무심히 무심히 지내는 동안
꼭대기에 노을 진 하늘 받쳐 이고서는
허리 굽어가는 노인 하나 묵연히 내려다보고
은빛 시간의 돌기둥이 되어 빛나며 서 있다.

국민

연단에 올라선 허우대 좋은 이가 말한다.
존경하는 국민 여러분!
왜 '충용한'이란 수식어는 떼었나, 겁이 난다.
얼굴 너그러운 늙은이가 연단에 올랐다.
사랑하는 국민 여러분!
나를 어떻게 사랑할 작정인지, 징그럽다.

존경과 사랑을 받는 국민이라는데
내가 어느 나라 사람인지를 모르는 건
나라 돌아가는 게 눈꼴사나워하는 얘길 터이지만,
더러운 인간들이라고 세치 혀를 내둘러도 보긴 한다만,

내 주민등록증과 표지 빳빳한 여권이,
네가 그 나라 안에 있음을 기억하라고
여전히 무서운 존경과 징그런 사랑에 빠트려
정신이 맴을 도는 사이….

일천오백 킬로미터 날아간다는 ICBM을 발사해서
그게 대륙간탄도유도탄大陸間彈道誘導彈이라 하기도 하고

대륙간탄도미사일이라 하기도 하는 모양인데,
내게는 intercontinental ballistic missile이란 외국어가 더 익숙해서,
나는 당신들의 사랑하고 존경하는 국민이 아니라
그 단위가 한 '마리'가 되더라도 '시민'이기를 바란다고

국민과 시민 사이 오가면서 나는, 오늘도 편두통을 앓는다.

무너진 사랑탑아

역사란 게 무덤 위에 세운 돌탑이란 걸,
도무지 모르는 인간이
세상 어느 구석에 있겠는가.

"2020년 산업재해로 2,062명의 노동자가 죽었습니다."

살아 있는 인간을 눌러 죽인 돌무지
그 위에 세운 저 높은 것들, 높은 것들

인간 살기에 집은 너무 높이 올라가고
물건 쌓는 헛간도 너무 크고 무겁거니

동족이 동족을 멸살하는 포탄이 엄청 높이 올라가
인간 명예를 위한 자리도 하늘 높은 줄 몰라라.

인간의 무덤 위에 인골 탑을 쌓지 않으려면
아예, 무덤을 없애야 하는지도 몰라, 무덤을 짓지 말자!

"사나이 목숨 걸고 바친 노동 철근 밑에 구겨 놓고

놈들은 지금 어디 금괴를 뜯고 있나, 야속한 자야."

홀로 간 꽃다운 님아, 아재야…. 무너진 사랑탑아….

※ 2022년 1월 13일, 광주 아파트 공사장 사고로 6명 실종….

기적에 대하여

오늘 아침 내가 시를 생각하는 것은 기적이다.

윤두서의 화집을 임모하면서 그림을 배우던 소치 허련
다섯 살 아들을 둔 28세 청년이
초의 스님 만나 시를 짓고 그림 그리다가
공재 윤두서 집안 화집 빌려 임모하는 중 정신이 돌아
서른둘, 서울로 올라가 추사 김정희를 만난 일을⋯⋯
180년 저쪽 일을
영하 10도 아래로 기온이 내려가는 겨울날 아침,

그 행적을 상고하며 그게 소설감인가 자질해 보는 것은
이 또한 서사를 신봉하는 자의 분명한 기적이다.

"이 상것들과 상합하지 말고 일신하여 둔갑하라."
바울의 세상 물정 모르는 이야기에 동의하면서
억울하게 죽은 숱한 자들의 호곡 소리에 귀를 닫고

하늘의 운행은 건전하고 자연은 아름답다 생각는 것은
풍진세상의 욕망일시 분명하여, 또한 기적 아니겠나.

※ 따옴표 안의 구절은 다음 문장의 앞부분을 비상非常하게 옮긴 것. Do not conform any longer to the pattern of this world, but be transformed by the renewing of your mind. NIV Romans 12:2.

철조망 鐵條網

우리 집 뒷산 주인이, 아마 주인이
산 둘레에 철조망을 치기 시작한다.

그래, 그 산이 내 땅은 아니라 하자.
허나, 그대 품 안에 들기는 하는 땅인가.

고라니, 너구리, 때로는 멧돼지
경계 넘어 오가면서
똥도 싸고 오줌도 지려 풀이 자라고
나무 무성한 숲 위로 바람도 지나가는 땅

땅을 뚫고 쇠 기둥 세워
철망 단단하게 엮어 치고 나면

그때 가서, 그대와 나
얼굴 볼 일 없을지 몰라, 아니
그대 만장 없는 상여 지나가는 날
동네 개가 상여 뒤따르기나 할까 몰라, 몰라.

소나기 한 보지락 일꾼들 쫓아보내고
산은 제 색깔로 다시 푸르러 물기 짙다.

저 건너편 산자락 안개가, 안개가
경계 문질러 산봉으로 오르는 안개 속에

하마 철망이, 철조망이 소리 없이 녹슬까.

※ 뒤에 알아보니 아프리카돼지열병 방지를 위해 정부에서 시행하는 사업
   이라 한다.

별

내 일기장 마지막 페이지에
별을 사랑한 사람이라고 써넣고 싶다.

내게 별을 심어준 것은 위대한 학교였다.
윤동주는 '별을 사랑하는 마음'을 가르쳐주었다.
가람은 '저 별과 내 별'을 갈라 보여주었다.
페르샤 왕자는 '별을 보고 점을 쳤'단다.
스타가 소원이었는데 그건 별만큼이나 멀었다.

밤에 뜰에 나가 암청빛 하늘을 바라본다.
별자리들이 초승달을 붙들고 손을 떨고 있다.
초승달이 하늘 저 끝으로 사라질 때까지 서성인다.

별들 저쪽에 있을 별들을 나는 헤아리지 못한다.
아무래도, 저어, 별은 내 상상력의 한계인 모양이다.

벌에 쏘인 날

여보, 혹시 벌에 쏘였던 적 있으세요?

그거 누가 뭐라 해도 대단해요.
대단하다니, 대가리가 얼어서 딴딴해지거든요.

탐화봉접探花蜂蝶이라고 하지 않던가요.
나는 내가 꽃이 아니라고, 향기도 없노라고
제발 그냥 일하는 것이니 납들지 말아 달라고
벌들에게 하소연을 하기도 하면서 풀을 베었어요.

그런데, 웬걸—
팔뚝을 파고드는 이 혹독한 침을
독침이라는 게 이렇겠거니, 어마뜩해서
머리 흔들고 하늘도 바라보다가 땅이 돌아
부풀어 오르는 팔뚝과 손등으로 내리는 부기

인생 그 긴 과정에 이런 따끔한 날도 있어야지.
나는 나를 향해 의뭉을 떨면서, 벌 잉잉대는
낙원을 꿈꾸느라고 잠시 어지러운 말을 잊는다.

그 사내

헤라클레스의 활을 당기던 그 사내
프로메테우스, 그 형벌의 시간
사랑이 일그러져 세월이 가슴 아프던 그 사내
한때는 불은 땅속에 타고 있노라고
고함지르기도 하면서
강고한 날들을 어기차게 견디던 그 사내
질긴 인고의 시간 지나는 동안
청춘은 푸르렀다고 껄껄대던 그 사내

아, 그 사내 눈이 풀렸다.
"내가 철이 들어 욕심이 없어요."
막걸리 석 잔으로, 자기는 철이 들었다고
같은 말을 반야사 물소리 반야심경 외듯
청청한 느티나무 비껴가는 흰구름처럼
철이 드니 욕심이 없어졌다는 그 사내

당신 만나 반갑고, 고맙고, 정답고,
먼 길 찾아와 좋고, 또 만나자 웃으면서
차 뜨기 전에 한잔 더 해야지,

대합실에서 한 시간 멀거니 기다리지 말고….
차 타기 전에 한잔 더 하자는 눈길, 풀린….

차를 기다리는 동안 또 전화를 해왔다.
또, 꼭, 다시 내려오라는 목소리에 열기가 빠졌다.
아, 최무룡, 두 소절만 좋아하는 그 노래
"나뭇잎이 푸르던 날에 뭉게구름 피어나듯 사랑이 일고…."
다시 전화가 왔는데, 나는, 거절 버튼을 누른다.

그 사내. 눈이 풀렸던 그 사내, 철이 들었다는 그 사내.
그 사내, 나는 그와 동갑이라, 나 또한 그 사내가 된다.

※ 외우 석영과 김천에 갔다가, 영동(황간) 월유봉, 송시열의 한천정사, 반야사를 돌아 보고 포도 농사짓는 '그 사내' 집에서 막걸리를 마셨다.

화상들

그날, 2022년 5월 18일
아침나절 소나기가 패연히 쏟아졌다.
그 빗물을 구태여 눈물로 비유하고 싶진 않는데
아내에게 등을 돌리고 서서 눈자위가 매워온다.

종로 2가 낡은 건물
3·1운동을 모의하던 그 '기독교청년회관' 앞,
땟국이 번질거리는 입성 걸치고 앉아 있는 사람들

이 나라 하늘 아래 '새로 만든 샹송'은 안 들린다.
막걸리 기대하면서 얼굴 훤한 나를 바라보는 화상들
내가 왜 저들과 동족인지를 헤아리다가 웃음이 샜다.

멍하니 하늘만 바라보는 주름 깊은 얼굴
히히히 일없이 웃으면서 나를 바라보는 누렁니
땅바닥에다가 天-地-人 글자놀이 하는 훈장
눈도 안 돌리고 책을 읽는 수염쟁이……

나는 나도 모르게 또한 얼른 화상이 되어

탁주 일 배로 저 화상들 얼굴 잊자고, 잊어버리자고
제법 어금니도 깨물어 보면서 발걸음 재촉하는
그렇고 그런 화상이 되어
민초와 화상의 경계에 빗금을 치면서

'사랑도 명예도 이름도' 빼앗긴 화상들의 공화국
그 한복판에서 자꾸만 발이 헛놓여 그림자가 출렁인다.

여의도 의미론

글쎄 말야, 환장할 일은 아니다만,
여의도를 여의주로 새기는, 아니 착각하는 작대기들
그 작대기들 때문에 '방죽골'이 윤중로輪中路로 둔갑하고

인간이 둔갑을 하면 말을 두고 헤매는 법이라서
밤꽃 향기 물씬거리는 어휘를 동원해서
'질척대며' 허바허바 성감대를 자극한다.

이런 대낮에 감시 카메라에 찍히면 그게 말이지
'빼박 증거'라는 거잖소.
연놈이 만나 수작을 벌이는데 밀고 땡기다가
중간 문턱에 걸렸겄다, 초인종을 누르는 멜론맨
빼자니 아쉽고 박자니 부러지게 생겼고
그거시 왈, 빼도 박도 못 한다는 그 정황 아니겄남.

'갈치 정치' 서로 못 잡아먹어 이를 가는 자들이
스스로 꼴을 알아 갈치를 자처하니 가가 야라
홍어 거시기만 한 것도 떨어져 나가고
부취나 풍기는, 생갈치 썩는 냄새 가득한‥‥

나는 나의 반쪽이다

출발은 생명이었다.
생명이 가이없는 지평선이라고
대결과 투쟁을 이야기하다가
나를 지우는 연습을 거듭했는데
나는 여전히 보름달처럼 둥그렇게 남아 있었다.

어느 바람 세차게 불던 날
바람에 쓸려 넘어지기 시작하면서
나는 반쪽이 되어가서는 기우뚱하니
반쪽에 대한 사회심리학적 변명을 꾸려 보았으나

죽을 날에나 나의 반쪽을 찾아낼 것인가.
내 언어는 물론
내 사유도, 행동도, 습관도 사랑까지도
그러다가 마침내 다리 하나가 없어져

반쪽 인간이 깨금발로 벌판을 걸어간다.
나의 반쪽은 재가 되었는지, 벌판에 재가 가득 날린다.

작품_ 이철량

4부
해풍海風의 노래

석향石香

하고많은 향기 가운데 '돌 향기'란 처음이다.

울릉도 도동항에 배가 접안하면서
갈매기들이 끼룩거리는 소리에 정신이 들고
하늘을 막아선 바위 절벽 위
몸을 매달고 선 향나무

그 위로 바람이 맴돌아
맴도는 갯바람에 얽혀오는
푸른 기운 아득히 멀다가 또 가깝게
다가서서 얼르다가 멀어져가는 향기

향나무는 처음부터 향기를 머금고 살다가
한 천 년 지나면 향기를 뿜어내는가.
또, 한 천 년
풀 향기 물 향기 꽃향기 빨아들여 **뼈**에 농축해서

'돌 향기'로 적멸의 광채인 양 흘려내는가.

위대한 식욕에 대하여

진도珍島 또는 옥도沃島라고 하는 섬에 와서
나만 부지런한 게 아니라는 걸 새삼 확인한다.

어느 시인이 화가를 만나 섬에 둥지를 틀었다.
시화를 주로 하는 박물관을 차렸다. 그림과 조각을 아울러……

진도 사람들은 사람 사이를 이어가느라고 분주하다.
식당을 가는 데도, 차 시간을 알아보는 데도 전화가 바쁘다.

진도는 농사를 하고 어업을 하는 데 땀이 난다.
옥토의 섬인지라 나라 하나 세울 만한 땅이다, 진도는……

진도는 거슬러 사는 이들이 모여드는 고장이다.
귀양살이하던 사람들, 항몽의 깃발 든 삼별초 사람들이
아직도 이야기 속에 살아 있어. 진도는 분주하다.

나는 진도에 와서 덩달아 바빠진다.

울금 농사도 하고 싶고, 무화과도 기르고 싶다.
그림도, 글씨도, 삼별초 소설도 식욕이 땡긴다.

진도 운림산방 소치 허련, 그의 손자 남농 허건 이야기를
한 꼭지로 매조지고 나니 힘이 팽겨
다른 시 쓸 엄두가 나질 않는다.
해서, 진도는 나에게 위대한 식욕의 미래형이다.

차부車部에서

말로야 그렇지,
삶이란 기다림의 연속이라고.
한때는 기다리기도 하고
기다리기 위해 약속도 잡고
그렇게 기다리며 시간을 보냈지.

사람을 그리워하고
만난 사람 헤어지는 게 아쉬워
할랑할랑 손 흔들며
또, 기다림을 약속하곤 했지.

기다림은 줄어들어, 등대
몇이나 남았나 목 빼어 바라보다가
헤아리기 그만두는 날
그게 삶의 종점일 거라고

느긋한 듯 무심한 듯
여름날 오후처럼 땀 젖은
시간을 경영하는 가운데

하루 두 차례 노선버스 들어오는
마을의 차부에 나와
늙은 누님 닮은 아주머니들
사는 얘기로 깔깔대는 동안

이미 등대에 다다른 마당에
다른 등대를 기다리는지도 몰라.

폭포

정방폭포 돌계단 내려가 폭포를 바라본다.

푸른 하늘
구름 피어
붉은 꽃들
흰 물줄기
장쾌도 한
깊은 사념
한가운데
수직 낙하
검은 돌 덮어 비산하는 흰 비말
우주의 율동

지축 울리는
기억의 물줄기

폭포 아래에도 생애는 소금기가 돋아
포장 치고 멍게, 해삼, 소라 파는 아주머니들
즉석 사진 손님이 없어, 사진사는 파도 소리처럼

반야바라밀다심경을 읊는다…… 사진으로 남긴다고
불생불멸, 불구부정…… 더구나 부증불멸이야 하겠나.

폭포 소리
파도 소리
새까만 몽돌
내 무릎에 불이 드나……

숲

나무들 제가끔 하늘 받들어 선
숲 사이를
쾌속으로 달려가는
인간에게,
아니 사람에게
숲은, 말을 걸지 않는다.

어둠 속에 비가 내려
숲은, 밤을 도와 우쩍 자라나서
아침이면 싱싱한 빛 뿌리며 살아난다.

숲은,
자기 그늘 아래 서성이는
인간을 만나서라야 비로소
웅얼웅얼
오래 불어온 바람 이야길 시작한다.

금릉 김현철의 그림

눈을 감아야 비로소
바다는 푸른 수평선을
들어 올려준다.

섬이며 몽돌이며
푸른 기억의 덩어리들
파도 없는 수평선 모서리에
시간과 더불어 마모되어간다.

눈을 감아야 비로소
폭포 가닥들 사라지고
시원한 한 자락
수직의 빛줄기로
장쾌하게 쏟아져내린다.

눈을 뜨면,
흐린 먹빛으로 떠오르는 삼방산
바다만 푸른 기억의 형상으로 산그늘에 잠긴다.

이왈종 미술관

서귀포 앞바다 섬들
문섬, 직구섬, 새섬
나는 이 섬들과 어떤 인연으로
연기緣起되어 있는지 모르거니와

단청으로 빛도 고운 닭과
흰 연꽃과 푸른 연잎
사이 날아나는 새들
앞바다 물고기, 고기마다 한 아름
태양을 입에 물고 유영한다.
봉황이 날아나는 복사꽃 꽃가지
세상은 꽃으로 가득하여 유행가처럼 편하다.
골프도 한 풍속이라
젊은 양물처럼 힘이 뻗기도 한다.

생각해 보면, 꿈도, 색色도, 중도中道 또한
도립상으로 다가오는 생애
늙어 죽는 게 아니라, '죽으면 늙는다.'
그래 '인생이 그럴 수도 있다.'

그래서, 어쩌랴, 어찌하리야
수평선 향해 피리 한 자루 들고 앉은
석불石佛, 얽은 얼굴에 바람만 지나가는 걸……

성읍마을

햇살에 잎을 반짝이는,
수백 년 나이를 헤아리는 팽나무
아직 정기가 넘쳐나서 열매를 가득 달았다.
동갑쯤 되는 느티는 잎만 반짝일 뿐….

가난해도 마음 넉넉했던 사람들
땅을 일구고 바다에 그물질해
삶을 가멸게 가꾸어
자식들에게 성인의 도를 가르치며
잘들 살았다지…. 광에 곡식 들이차면
쥐 들끓듯이, 탐관오리 탐학질에 치를 떨어
난리를 내기도 하여보았으나
학정은 오랏줄과 창 들이대어 백성 징치하고….

마을은 고요하다. 가끔 들개가 지나간다.
마을 찾아오는 사람들 눈요기하라고
텃밭 내주어 해바라기 심고, 코스모스 뿌려
늙은이들이 일을 잃고 팽나무 아래 하품 날리는 마을.

막걸리가,
성읍에서 빚은 막걸리가 꼭 한 잔
뱃속 저 아래서부터 땡겨왔으나
주모 없는 술청, 주모가 동헌에 불려간 모양이다.

먼 산
- 칠극서七克序

산은 멀어야 잘 보인다.
산이 가까이 다가와 나무 향기까지 짙어서
내가 산에 들면, 산은 등을 보이며 돌아앉는다.
2천 년이던가 혹은 2천5백 년 저쪽
우뚝우뚝한 산봉우리들이 솟아나서
산정마다 흰 눈으로 빛났었거니
인간들이 제 땅에다 울타리를 쳐서
단을 뭇고, 자기들 신을 모시느라고
신당을 세워 주문呪文을 외는 데 열심이었다.
4백 년쯤 세월 저쪽, 키가 제법 큰
방적아*라는 전교사가 중국에 와서
2천 년 전 설봉雪峰을 겅정거리고 다니면서
인간사 오욕칠정 동서가 다르지 않아
교만驕慢, 질투嫉妬, 탐욕貪慾, 분노憤怒, 식탐食貪, 음란淫亂,
나태懶怠에
겸손, 용서, 은혜, 인내, 절제, 정결, 근면으로
먼 산을 향해 손을 모으기도 하고
무릎 꿇고 내면을 응시하기도 하면서
일곱 가지 악취를 향기로 닦는 책을 냈으니

아직도 읽을 글이, 먼 산처럼 많기도 많아,
몸살하면서 올라야 할 봉우리가 산첩첩山疊疊이나.
『칠극七克』들고 바라보면, 내 안에 호수가 일렁여.

* 龐迪我(Diego de Pantoja ; 1571-1618) 중국에 와 있던 스페인 선교사. 그가 쓴 책이 『칠극, 七克, DE SEPTEM VICTORIIS』인데, 한국 최초의 순교자 윤지충尹持忠이 이 책을 읽었다.

칠극·1
– 교만驕慢에 대하여

교육이란 이름으로,
문학이란 구실로
교만을 가르치고 탐구했다.

나는 그대로 내가 아니라야 한다고
나를 넘어서서 저 위쪽의 다른 나라야 한다고
그래서 낯선 나라 '니체'를 들추어올리면서,
위버멘쉬! 그렇게 외치는 것은

나는, 스스로 부서지지 않겠다고 버티는
호두 알처럼 견고한 교만일까 자존감일까,
교만함을 도도하게 의심도 해보면서
그나마 자존감마저 덜컥 던져버린다면

내 교목 같은 도덕 감정은 어느 물속에 거꾸러질까.*

* 이육사의 이미지를 차용함.

칠극·2
– 질투嫉妬에 대하여

초등학교를 국민학교라 하던 시절
3학년 때 쓰던 공책인 것 같은데
반대말 찾는 숙제가 공책에 빼곡해서

아버지와 어머니는 반대말 아니라고 나대다가
생선 같은 선생님에게 꿀밤 맞고
비슷한 말 또한 희한하게 새끼를 쳐서

질투嫉妬와 비슷한 말이 '미투'로 둔갑을 하고
미투 당해보지도 못한 찌질이들 까내리면서도
질투嫉妬가 선망羨望을 거쳐 존경尊敬으로 간다고 우기진
못했지.

질투가 '강샘'이라면 응당 따귀라도 맞아야 하거니와
세운 뜻을 이루어가는 소년이 질투 없는 순백으로
탈색된 성인이 되어 빨랫줄에 거꾸로 걸린다면‥‥

※ 질투를 영어로 envy라고 달아 놓았다.

칠극·3
– 탐욕貪慾에 대하여

오늘 내가 한 줄 시를 쓰는 일,
이 또한, 여지없는 탐욕인 모양이다.

소설 '욕망의 이론'을 공부하는 동안
진실은 진리 뒤쪽에 웅크리고 앉아
제 얼굴 제가 쥐어뜯는 자학일지도 모른다고
그래서 진리보다 진실이 무섭다고 탄식도 했지.

진실을 말하자면 진리는 가면이라야 한다.

사흘 굶어 남의 집 담 넘지 않는 놈 있겠냐만
너는 굶어죽어도 남의 집 부엌 흘금거리지 말아라.
아마도, 어머니는 돌아앉아 눈물 흘렸을지도 몰라.

안빈낙도安貧樂道, 그거 배부른 이념일 뿐이라고
가난은 죄라고,
죄라서 원수라고,
쳐부수어야 한다고
나라도 구제를 못 한다는 가난을 향해 창을 꼬나들고

멋모르고 덤비면서 찬물로 빈 배를 채우는 동안……

나는 나를 위해 베풀 '은혜'마저 거덜이 난
구제의 길 바이없는 탐욕의 시인이 되었나 보다.

성찰이 마음을 이반하는 이 독법讀法을 어이하리야.

칠극·4
– 분노忿怒에 대하여

칠극의 네 번째, 판토하[龐迪我]
이 어른이 화내지 말고 참으라 하신다.
나도 어수룩한 척 참고 지내기는 하지만
참아서 넘어갈 수 없는 하많은
분노가 내 안에 이미 똬리를 틀었다.

용기 없음에 대한 분노
허접한 언어에 대한 분노
나아가, 분노에 대한 분노
분노를 모르는 정신과 혼에 대한 분노
포도주 빛깔로 젖어가는 나를 향한 분노

그래, 『분노의 포도』라는 소설이 있지[*]
이 안갯속 같은 표현은 모호성에 대해 분노하게 한다.
분노에 왼 다리를 걸기 위해서는 증거가 필요한 법,
하느님이 진노하는 건 비루한 '세속'의 포도주 틀이다.[**]

분노는 인내보다 힘이 세다.
아니, 인내忍耐가 분노를 눌러놓는 때도 있기는 하다.

종교보다 깊은 분노도 있거니***
내 분노를 인내하기보다 높고 거룩하게 키울 일인 것을.

* John Steinbeck, 『The Grapes of Wrath』, 1939
** and gathered the clusters from the vine of the earth, and threw them into the great wine press of the wrath of God, Revelation 14:19-20
*** '거룩한 분노는 종교보다도 깊고' 변영로, 「논개」에서 차용.

칠극·5
– 식탐食貪에 대하여

잔칫집 인사가 참 은근하고 우아했느니.

"차린 거 없어도, 천천히 많이 드세요."

떡 벌어지게 차린 상 앞두고 '차린 거 없다'는 건
주인의 근사한 겸사로 치자.
헌데, 생각해 보니,
'절제'를 앞세우면서 '식탐'을 부추기는 어법이 기막히다.

동물 가운데 탐식하는 게 인간뿐이라 한다지.
아닌 모양이다.
새끼 낳고 허기진 암캐가 쥐약 먹은 쥐를 먹고 죽었다.
식탐으로 '짜구났던' 강아지가 또 쥐를 먹고 죽었을 때,
소년은 입술을 깨물며 죽은 강아지 불쌍하다고 울었다.

"먹을 욕심 때문에 죽은 걸 왜 울고 난리냐!"

소년이 옷소매로 눈물 훔치고 바라본 하늘엔
'삼립빵 보름달'이 떠서 출렁이며 빈창자를 흘러갔다.

※ 식탐을 영어로 gluttony라고 적어 놓았다.

칠극 · 6
– 음란淫亂에 대하여

선생님, 사실대로 말할까요,

'음란하니까 인간이다.'
'인간이니까 음란하다.'

음란을 순결과 맞세우는 논객의 비위는
좀 거시기해서, 느끼한 징후가 풍긴다.

다시, 사실대로 말하자면

'인간은 본래 음란의 토양에 뿌리를 내린다.'

순결한 백합은, 사실, 씨앗이 보잘것없이 부실하다.
해서, 뿌리를 나누어 구근으로 번식을 도모하는데,
그 구근이라는 게, 나긋나긋 음란한 식감으로 씹힌다.

선생님, 사실은, 백합꽃 향기가 죽음의 향기라잖아요,
순결의 책을 음란한 시선으로 읽는 버릇이 용서될까요?

칠극·7
– 나태懶怠함에 대하여

본성적으로 나태한 인간이라 안타깝고 사랑스럽다.

인간 본성이 근면하다면,
성인들마다, 일하지 않은 날은 먹지도 말라고
엄포를 놓으면서 나태를 죄악으로 징치했을까.

그나마 내가 오늘 여기까지 와서
시 짓고 소설 읽을 수 있는 것은
몇 줌 근면에 힘입은 바라 하겠거니와

나를 현혹하는 것은
나태와 근면의 스펙트럼 사이에
'까치노을'처럼 백금빛으로 타오르는
지혜가 깨어나는 시간, 그 한유로움이다.

한가한 지혜 가운데 사랑하고,
사랑하며 죽고 싶은 길을 가자 하나[*]
해국 웃음 짓는 자갈길이 있을 뿐, 사방은 절벽이다.

[*] Charles Beaudelaire, 『L'Invitation au voyage』에 이런 구절이 있다.
  'Aimer à loisir, aimer et mourir'

몸에 대하여
– 타히티 사람들

타히티, 여기 중심이 되는 도시 이름이 파페에테라 한다.
공항에서 만나는 젊은이 하나, 등치가 우람해서 삼나무 같다.
참나무 아래 버티어 선 여인 또한 왕국의 전사가 틀림없다.

왕이 되는 자 어느 누가 교양으로 왕관을 머리에 얹었다던가.
나의 창과 칼 아래 피 흘리고 죽어간 인간의 모가지
그 모가지 숫자가 왕을 만들었다. 목 달아난 인간이여

오늘까지 내 목을 용감하게 버텨준 것은 단련된 몸이라고
배움이 질곡이 되어 강파른 언덕 자갈길 걸어가는
대낮의 내 그림자 모가지가 어디로 가고 없다.

나는 타히티에 와서 오갈 데 없이 빈약한 몸의 늙은이가 되었다.
물과 하늘과 산, 그 사이 인간은 몸이 생의 모든 것이었다.

※ 원시시대 사냥할 수 없는 늙은이들 어떻게 살았을까 늘 궁금했다. 공자나 맹자가 왜 늙은이 보호해야 한다고 긴 말을 늘어놓았을까. 부모를 공경하라고, 젊어서부터 그런 알량한 생각을 했을까.

혼종

오클랜드, 여기까지 따라온 시인 있어
그와 더불어 밤을 설치다가

꿀도 달지 않고 과일도 향기롭지 않은
아침이 늦은 저녁 같은
식탁에서 해찰하는 사이
사람들이 접시를 들고 오가고
자기들 살아온 생애 떠들어대는 동안

저들이 겪었을 전쟁과, 장삿길과, 역병과 그리고 기근과
종족 간의 정략결혼이야 내력을 알 수 없지만
고단한 삶의 육신, 커다란 엉덩이와 수척한 등마루 뼈
머리털도 없는 알머릴 쓸어올리기도 하면서
마누라 얘기 듣는 저 늙은이⋯⋯ 늙은이들⋯⋯

그가 살아남아 여기까지 온 연유를 미루어 보느라고
 바람이 어디로 불어가는지 햇살이 어느 언덕에서 노니
는지

유라시아 대평원 질러가는 바람

뚫고 말을 달리는 사내들을 생각하는 사이

새 떼가 태평양을 건너 먼 대륙으로 이동한다.

※ 뉴질랜드는 다인종 사회다. 마오리라는 원주민이 있었다. 영국을 위시한 유럽인들이 이주해 들어왔다. 중국, 일본, 조선 사람들이 간간 섞여 들어와 아시안이 되었다. 이들 섞여 살아가는 모습이 다채롭다. 박물관에를 가봐야겠다.

나무

나무는 별빛을 먹고 자란다.
나무는 달 뜨는 밤이면 달빛도 마시고
작열하는 태양이 그리우면 나무는,
한낮에도 새벽으로 가는 꿈을 꾸며 자란다.

뉴질랜드 북섬 로트루아 붉은 나무* 숲을 찾아갔다.
나뭇가지를 하늘에 뻗고 그늘을 먹고 자란 나무들
자기 발아래 고사리를 길러 고사리 잎새마다 은분을 입혔다.
하늘에서 쏟아지는 황금빛 광선 신화를 회복하는 동안

지심에, 마그마 불끈 불끈거리는 그 지구의 중심에
또 다른 태양이 있어
밤낮없이 이념에 자맥질하는 불덩어리 있어
정신은 늘 성좌를 이루어 인드라의 망으로 가야 한다고……

나무는 천국과 지옥을 이어주는 밧줄 엮기에 여념이 없다.

* 이른바 Red Woods, 거기 구태여 숲을 붙이지 않아도 스스로 숲이 되었다. 속살은 모르거니와 겉껍질은 헤라클레스의 장딴지 근육처럼 벌건 피를 칠한 색깔이다. 아내와 팔을 벌려 끌어안으려 해봤자 어림도 없는 수작이다. 미국 서부 요세미티 공원에서 마주했던 그 원시림의 나무들을 만난 이후, 태평양 가운데 섬나라 뉴질랜드에 와서 신령스러운 나무를 만난다. 별과 달과 태양을 흡입하여 자라는 나무……. 그 나무를 두고 '상징'을 생각하지 않는 것은 차라리 속물근성이다.

카우리 나무

꼭 햇수를 따져야 직성이 풀린다던가.
팔백이라던가 천이라던가 아니면 고생대까지 올라가
이 나무는 자기 치맛자락에 연대를 알 수 없는 깃발 펄럭인다.

식민지는 종이에서 시작한다.
조약문서, 종이로 된 조약문서에
서명을 하는 자와 서명을 거부하는 자
부역附逆은 부의 원천인지도 몰라
청빈은 가난이 지옥까지 열린 길에 깔렸다.

식민지는 쇠를 통해 다스려진다.
카우리, 그거 마오리와 같은 이름인지도 모를 일인데
식민지에서는 소나 말이 쇠를 먹고살아서
숲을 몰아내는 데서 식민지는 시작한다 하는 게 옳다.

식민지는 암소 젖가슴에 빨대를 박아 정신을 빨아먹고 자란다.

※ 우리말로 하자면 '다도해 만'이라고 할까. 베이 오브 아일랜드(즈) 찾아가는 길, 카우리 나무를 보러 갔다. 열대림을 버티고 서 있는 이 거수들⋯⋯. 영국이 이 땅에서 식민지를 구가謳歌하던, 그래 노래하듯 식민지를 다스리던 그 역사⋯⋯. 카오리 나무를 베어 영국으로 가져갔다는데, 이 나무가 단단하기가 쇠보다 더하다. 마오리들은 이 나무로 창을 만들고 자신들의 신화를 조각했다. 마오리들이 신으로 섬기던 나무가 식민본국 누구네 찬장과 다락을 꾸미는 목재가 되었다. 숲에는 신이 목을 매달았다. 신이 목을 매단 끈은 금실로 짠 끈이었으니⋯⋯.

목장을 지나며
– 먹이사슬

　목장 풀밭에서 풀을 뜯는 양이, 검은 소가 평화롭다는 당신
　그 이야기에 뭘 몰라 하는 소리라고, 딴지를 거는 것은
　섬세한 영혼을 비상식으로 전환하는 못된 말버릇일지 모른다.

　인간이 숲에 깃들어 살아가던 아득한 역사 저쪽
　할아버지, 아버지, 형제들
　창 들고 도끼 메고 숲에 들어 치달려 헤맸다.

　노루, 사슴, 멧돼지 하다못해 비둘기 한 마리 잡지 못하면 사흘은 훌쩍 굶기도 했지.
　굶어본 인간은 짐승과 싸워 이길 방법이 묘연한 것을 알아
　이후 풀씨 낱알 골라 모아 심어 대지가 살아 있는 걸 알았지.
　그걸 농업혁명이라 한다나. 혁명이랄 게 따로 있지만 사건 치고는⋯⋯

　인간이 숲을 잡아먹고, 뭍에 살던 짐승 어마뜩해 도망

치고,
    짐승 가운데 굴복이 행복과 통한다는 걸 안 짐승들
    가축으로 길들여 울짱에 가두었다가 눈망울 선한 놈은 잡아먹고
    잡아먹히지 않은 놈 또 잡아먹고 하는 사이

    잡아먹는 일 이골이 나서 인간이,
    인간이 인간을 잡아먹고, 기계가 인간을 잡아먹고,
    인간의 간지가 기계와 더불어 숲을 잡아먹고
    인간이 자신의 존재 근원 신을 잡아먹고 나니 더 잡아먹을 게 없어
    이제 인간은 미래를 잡아먹고, 크로노스와 한판 단단히 붙었다.

※ 뉴질랜드라는 섬에는 예수 난 지 천 년이 되도록 사람이 깃들여 살지 않았다. 하와이와 그 인근 마오리족 사람들이 용감하게 배를 저어 섬에 도착했다. 삶을 소중하게 여기고 자존심 뻣뻣한 마오리들은 전투와 평화가 공존하는 사회를 이루어 살았다.

태백산 산정 아래

1.

아, 아득도 한지고
사천하고도 삼백 년 전
태백산 신단수 아래
곰과 호랑이 짝짓기 하던 밤
서으로 가던 달도
태백산 산자락 황지에 멈춰
숲에선 온갖 새들이 알을 빚고
흰옷에 수염 긴 할아버지
거기 따르는 정갈한 여인들

태백산 산정에 큰 눈이 내린 아침이었나니.

2.

윤회의 사다리 꼭대기에서, 다시
발을 내딛다 보면
한민족 영원하고 그들 영혼 또한 그렇거니

금수강산 그걸 잘 알았지.
한민족의 정결한 정신 평화의 사상
인간사 죽는 일이야 모양새가 무어랴
윤회와 재생과 성숙
인간의 혼백이사 땅에 묻혀
살이 오르고 단단하게 여물어
마침내, 다시 인간 육신에 스며드는 것이려니

3.

우주를 주관하시는
천지신명이시여
우리 시대 악을 불살라버릴 햇불 보내주소서.
이 땅에 평화와 자유 넘치게 하시고
황황히 눈뜨고 정의와 의기 지켜
인간사 끝나지 않을 윤리와
잔혹과 폭력 끝장내고, 만리 강산을
당신 점지하신 도화원을 이루소서.

4.

이 땅의 예술가들이여
솔거와 우륵을 칭송하여
지고의 미를 발굴하라.
하여,
인간 영혼을 한울님 나라로 이끌어가고
삼한부터 흘러오는 예술혼
불국사, 석굴암이며
황룡사 높은 탑
미륵사탑은 쌍으로 서고
금동향로 향불은 강산에 가득하였거니
인류의 소망 향불로 타올라
조물주와 하늘의 영은 예술가의 붓 끝에 살아나라.
천지신명 형상한 신라 천년
원효는 공주와 수작하여 설총을 낳고
의상을 따라 서해 건너온 대륙의 여신들
하늘은 청청히 푸르고
태양은 잠든 혼을 일깨워

신세계 황홀하게 열리거니
새로운 하늘이여
인류의 꿈 환상적 완성이여……

5.

조국의 시인들이여
이 땅의 걸작품을 소리 높여 노래하라.
이제사 젖비린내 나는 것들을 질타하라.
온몸이 사개가 틀려 심장과 머리가
참람한 지경이라니
늪에서 솟아나는 무지개처럼
이 나라 사상의 역사 찬란한 성좌
원효 의상 퇴계 율곡이며 다산까지
삶을 아로새긴 풋풋한 풀 기운
불멸의 민족정신 여기 있으매
아, 찬란히 밝아올 내일이여

6.

산머리 환히 빛나는 태백산
하늘에서 그 가지 밟고 내려온 신단수
그 아래 향초 다소곳한 땅에
나의 죽은 육신 묻어달라.
산그늘 드리운 동해 모랫벌
물결 살랑거리거든
내 묘비에 새겨질 두어 구절, 그대여 기억하라.

삶을 열정으로 끌어안고
죽음은 냉연하게 바라보았거니
여기 지나가는 나그네여
머리 들어 푸른 하늘 바라보라.

* 아일랜드의 시인 윌리암 버틀러 예이츠의 시 「벤 불벤 산 아래, Under Ben Bulben」는 생애를 정리하면서 삶과 죽음에 대한 태도를 표명하고 있다. 1938년 8월 15일부터 구상하여 9월 4일에 완성했다고 한다. 형식과 내용을 임모했다. 그는 이 시를 쓰고 이듬해 1939년 1월 28일에 저승으로 갔다. 6연의 후반은 그가 작품 속에 미리 쓴 묘비명이다. "Cast a cold eye / On life, on death. / Horseman, pass by!" 자주 인용되는 구절이다.

평설

지성·감성·영성이 어우러진 시詩 한마당
– 우공 우한용의 다섯 번째 시집 『만화시초萬化詩抄』 읽기

김철교 (시인, 평론가)

1. 들어가며

필자가 우공을 처음 만난 것은 1968년 서울대학교 사범대학 문학회에서였다. 그 후로 지금까지 변함없는 인상은 '성실한 친구'라는 것이다. 학문에 있어서나, 작가로서나 누구도 감히 따를 수 없는 성실성이 쌓아 온 흔적을 이번 시집에서도 실감했다.

우공은 『만화시초萬化詩抄』 서문에서 "떠돌이 삶의 과정에서 만나는 허무를 극복하기 위한 방법이 생에 대한 성실성"이며, "내가 겪는 생의 놀라움을 놓치고 싶지 않아 시를 쓴다"고 밝히고 있다.

자연을 비롯한 주위 사물에 대한 성실한 관찰력과 적절한 어휘를 찾아내어 새로운 방법으로 요리해 내놓은 작품에는 당연히 그의 지성과 감성 그리고 영성까지 녹아 있다고 요약할 수 있다. 우공 시의 특징을 중심으로 몇몇 작품에 집중하여 읽어 보고자 한다.

　언제나 주장하는 바이지만, 시詩는 한 편 한 편이 '추상화抽象畵'라고 생각한다. 한 편의 시를 수용하는 독자의 의미 가닥은 다양하기 짝이 없다. 아무리 쉽게 쓴 시라 할지라도, 이를 쓴 시인의 시적 지향을 멀리 벗어나 수용자는 주관적인 방식으로 받아들인다. 같은 시를 두고도 언제 어디서 읽느냐에 따라 이미지가 달리 현현한다. 마치 똑같은 피아노 곡을 누가 어떤 공간에서 연주했느냐에 따라 청중의 감흥이 달라지는 것과 마찬가지이다.

　예술 작품은 예술가의 자식과 같은 존재다. 조금은 못난 놈도 있겠지만 모두 애지중지할 수밖에 없다. 지금(2024. 7.) 예술의전당 한가람미술관에서 뭉크의 기획전이 열리고 있다. 뭉크가 말했다는 한 구절이 기억에 남아 있다. "나는 내 그림들 이외는 자식이 없다(I have no children other than my paintings)." 꼭 그림만 그렇겠는가. 노벨문학상을 받은 예이츠(W. B. Yeats)의 청혼을 거절하고, 그의 평생 애인으로 살았던 모드 곤(Maude Gonne)이 예이츠에게 쓴 편지에도 유명한 구절이 나온다. "당신과 나의 사랑이 낳은 자식은 시"라는 것이다. 예술 작품은 예술가의 자식이고 사랑의 결과가 응축

된 것이어서, 그런 예술품을 생산하는 예술가가 세상에서 가장 행복한 존재라고 필자는 믿고 있다.

  이 글에서는 내 마음에 와닿는 몇 작품에 한정하여 이야기하겠으나, 그 작품들은 우공의 자식같이 귀한 존재이고 또한 우공의 문학적 DNA가 담겨 있어 우공의 삶과 시 세계를 이해하기에 부족하지 않을 것이다.

  우공의 작품 대부분에서 언어에 대한 섬세한 조탁이 돋보인다. 풍부한 이미지가 담긴 시어를 발굴하여 적재적소에 사용하고 있다. 그가 평생 국문학과 함께 살아온 경험의 소산이겠다. 내가 프랑스 남부 아비뇽의 포도 농장을 방문했을 때, 오랜 기간 정성스레 숙성시켜 내놓은 포도주에 정신을 잃은 적이 있다. 오랜 체험에서 습득한 언어로, 대화체 등 새로운 방법을 동원하여 빚은 맛깔스러운 우공의 시 앞에서 경건해지지 않을 수 없다. 좋은 작품은 독자에게 큰 기쁨과 위로가 되는 선물이다.

  우공은 시인, 소설가, 문학을 연구하는 학자를 아우르는 작가다. 우공이 추구하는 이 세 영역은 삶의 본원적 성실성을 표현 방법 또는 장르를 달리해서 펼쳐 놓는 것이다. 소설은 가면을 쓴 얼굴이고, 수필은 화장을 한 얼굴이라면, 시는 작가의 심혼을 생짜로 드러내는 민낯일지도 모른다. 시는 삶을 분식하지 않고 기도하듯 털어놓고, 은유를 통해 아스라한 세계에 도달하고자 몸부림하는 심혼을 독자에게 펼쳐 보인다. 옷으로 비유하자면 소설은 파티복, 수필은 일

상복, 시는 기도하는 성자의 법복 같은 것일 듯하다.

  우공의 시는 성실한 인간 탐구이자, 미적 이념의 치열한 형상화의 산물로 요약된다.

2. 자연과의 교감에서 우려낸 삶의 철학

  매화 필 때가 되면 신열이 도진다.

  매화 봉오리 보고 있노라면
  겨우내 얼었던 핏줄에 물이 오른다.
  핏줄에 물 흘러가는 소리 땅속부터 울린다.
  땅속에서 하늘 꼭대기까지
  드디어, 이내가 향기처럼 지핀다.

  새벽 아침, 정자 지붕 서리가 하얗게 앉았다.
  서리 아침 피어난 매화는,
  벌 나비를 돌려놓고 매운 향기만 날려보낸다.

  매화 향기 더불어 핏줄은 일어서고
  관념의 관자노리에 열기가 지펴
  멀리 어느 언덕에선가 벌 잉잉대는 소리도 들린다.
                         —「매화梅花」전문

매화는 새봄을 알리는 전령사이다. 필자가 농장에서 매화를 길러 본 경험에 따르면, 봄에 매화만큼 반가운 꽃이 달리 없다. 사실 매화나무는 관상목으로는 별 매력이 없다. 수형이 아름다운 것도 아니고 벌레를 잘 탄다. 그럼에도 혹한을 이기고 봄에 맨 처음 청아한 꽃을 피우고 알싸하니 매운 향기로 다가오는 매화의 매력을 달리 어디서 구하겠는가. 옛 선비들이 매화를 사군자의 맨 앞에 놓는 까닭도 이해가 된다.

우공의 「매화」는 겨울 동안 죽은 듯 웅크리고 있던 생명력이, 봄이 다가오는 기운이 보이자 제일 먼저 은은한 향기로 시인의 시심을 흔들어 깨우는 뮤즈가 되고 있다. 아직은 서리가 하얗게 아침을 맞지만 새로운 희망의 열기를 담뿍 발산하고 있는 매화 앞에서 누구나 들뜨지 않을 수 없다. 이처럼 자연의 순환에 민감하게 반응할 수 있는 예술가의 감각은 그 자체가 시를 쓰면서 얻는 행복감 그것일 터이다.

장광 뒤 담 밑에 난초가 고개를 들고 일어나
꽃대 꼿꼿한 위에 연분홍 순정 한 자락 울음으로
부지런한 벌도 한가한 때를 받아 호젓이 피어났다.

대궁은 정욕처럼 일어서서 막 절정을 향하고
연분홍 순정 말고는 아무 말도 없는 허적의 공간
바람이 쓸어주는 허무의 시간을 꼿꼿이 버티다가

시간을 거슬러 올라가,
과수댁 시름 닮은 난초
할머니 모시치맛자락
허전히 허전히 대청마루 쓸던 오후
할아버지는 수염 짙은 최 주사와
꽃대궁 같은 창 자루 잡고 척화양이斥華攘夷를 모의
하고 있었다.

　　　　　　　　　　　—「난초蘭草」 중

　매화가 지고 여름이 오는 기미가 보이면 난초가 피기 시작한다. 난초는 종류도 많아서, 지역에 따라 다르기는 하나, 거의 일 년 내내 꽃을 볼 수 있다. 색깔도 분홍색은 물론 여러 가지 색의 꽃을 피운다. 우공이 시적 사유의 대상으로 하는 난초는 재래식 난초로 보인다. 보통 상사화라고도 하고 '개난초'라고도 하는 꽃이다.
　"장꽝 뒤 담 밑에" 힘차게 꽃대궁을 밀어 올리고 있는 난초의 "연분홍 순정"과 "정욕처럼 일어서서 막 절정을 향하고" 있는 광경을 보면서, "허무"를 견뎌 낼 힘을 얻고 있는 시인은 난초를 두고 역사적 상상력을 돋구어 낸다. "과수댁 시름 닮은 난초"는 과거의 슬픔과 연결되고, 어린 시절 "할머니 모시치맛자락"과 "대청마루"의 추억을 떠올린다. "할아버지는 수염 짙은 최 주사와 / 꽃대궁 같은 창 자루 잡고 척화양이를 모의하고 있었다"라는 구절에 이르면, 동학 혁명

때 할아버지가 "꽃대궁"같이 꼿꼿한 창 자루를 들었음직한 모습도 얼비친다. 수수하고 청초한 난초에서 인간의 본원적 욕망을 읽어 내고, 상상력을 부여하여 시인 자신을 역사적 존재로 끌어올리는 작업은 허무의 극복과 고독을 넘어서는 정신력에 연계되는 점이다.

    꽃은 말이야,
    산 사람과 죽은 사람을 가리지 않는 모양이야.
    산비탈 오래된 무덤가에도 피고
    말야, 가난한 집 담 밑에도 피거든.

    꽃의 뿌리는 말이야⋯⋯
    그 집 엉덩판 거판진 마누라 오줌도 고맙고
    다른 거 다 죽고 물건만 팽팽한 영감 엉덩이 거시기도 마다하지 않잖아.

    매화 말이지,
    꽃에 온통 폭 빠져 헤어나지 못하는 눈에는 눈꽃처럼 소담한데
    산전 한구석에 몇 그루 꽃은 잡목 숲에 향기를 숨기고 다소곳해야.

    왜 이러냐고 묻는 거야?

소설 한곳만 쳐다보고 살아서 그런지
목이 좌우로 잘 안 돌아가니까, 앞만 보고 걸어서
그런 모양인 게지.

꽃값이란 말 있잖아,
그게, 이념과 계층에 따라 달라진다잖아, 꽃이 꽃
아닌 거야,
최희준 투로 하면, '꽃을 보는 날은 남 몰래 쓸쓸해
진다'는 게야.
―「꽃에 대한 불평」 전문

「꽃에 대한 불평」에서는 반어적 표현과 대화체를 빌리고, 최희준의 〈월급봉투〉라는 노랫가락까지 호출하여, 불평이 불평 같지 않게 웅숭깊은 시상詩想을 펼치고 있다.

꽃은 산비탈의 오래된 무덤가와 가난한 집 담 밑에도 피어나면서 인간의 차별화와 계층화를 넘어서는 자연의 섭리이다. "그 집 엉덩판 거판진 마누라 오줌도 고맙고 / 다른 거 다 죽고 물건만 팽팽한 영감 엉덩이 거시기도 마다하지 않잖아."라는 구절에서는 꽃의 생명력과 인간의 생명력이 한데 버무려진다. 고매한 정신의 표상인 매화도 그게 생명인 한 '똥오줌' 받아먹고 살아간다. "매화 말이지, / 꽃에 온통 폭 빠져 헤어나지 못하는 눈에는 눈꽃처럼 소담한데 / 산전 한구석에 몇 그루 꽃은 잡목 숲에 향기를 숨기고 다소곳해야."라는 구절에서는 우리가 쉽게 지나치는 소중한 것들이 자연 속에 가득하다는 것을 간파한다. "꽃값이란 말 있잖아, / 그게, 이념과 계층에 따라 달라진다잖아, 꽃이 꽃 아닌 거야."라는 구절은 앞의 '똥오줌'과 더불어 세속을 흘러가는 성적 이미지의 왜곡을 환기한다. 꽃의 본질은 변하지 않지만, 그것이 인간사에 얽혀 들어 꽃값 즉 해웃값을 뜻하는 화대가 되면, 인간 사회의 이념과 계층에 따라 그 의미가 달리 평가된다는 인식을 보여 준다. 최희준의 노랫가락, "월급날은 남몰래 쓸쓸해진다"라는 구절은 꽃을 통해서조차 인생사 허접함을 읽어 내고 있다.

3. 바람 같은 시간 살이

그대 엄숙함은
시간이 오래 흘러도
발효되어 사랑으로 변할 줄을 모른다.

역사 한 자락도
사람의 목숨 결단하는
삼엄한 언어가 쌓인 적설, 눈은 녹지 않는다.

내게 온유함을
허여해 주소서⋯!

기도가 미치지 못하는 땅, 해토의 햇볕은 아득하다.
　　　　　　　　　　　—「겨울 산」 전문

「겨울 산」이란 이 시는 우공에게 다소 특이하다. 우공은 자신이 다루는 대상은 좀처럼 의인화하지 않는다. 그런데 「겨울 산」 이 시에서는 겨울 산을 '그대'로 불러 놓고 있다. 그대의 이미지는 엄숙함이다. 그렇게 선언하고 생각의 단층을 디뎌 내려간다. 겨울 산에서 느끼는 엄숙함은 시간이 지나도 사랑으로 변하지 않을 것 같다. 이런 강고한 겨울 산의 속성은 역사로 치면 삼엄하기 짝이 없어 사람의 목숨을 자르기도 한다. 이런 치명적인 상황에서 시인은 기도할 수 있는 온유함을 간구하고 있다. 온유함을 통해 마음의 평온과 구원을 얻고자 하는 소망을 드러내지만, 기도가 미치지 못하는 땅, 즉 어떤 변화나 구원도 이루어지지 않을 것 같은 척박한 상황, 그러한 상황 인식에서는 "해토의 햇볕은 아득하다." 그러나 시인의 상상력은 다음 시에서 상황 전환을 이루어 내고 있다. 봄이 오면 겨울 산의 엄혹함은 생명력 넘치는 상황으로 풀리겠다는 기대를「봄은 오고, 가고」에서 만나게 되는 것이다. 절체절명의 상황을 견디고 살 수 있는 것은, 시간의 흐름과 더불어 상황을 탈피하여 희망으로 전환할 수 있고, 그 희망을 기다릴 지혜가 예비되어 있기 때문이다.

꽃은 앞으로만 달려가며 핀다.

이야기는 거꾸로 가기도 해서
청매 환한 아래 쑥을 뜯으면서
지난겨울 손가락 마디 얼음 백인 아픔
꽃잎으로 하늘하늘 떨어지기도 한다.

매화도 피고 지는 순서가 있다.

청매가 눈 내린 아침 설화목雪花木처럼
먼저 피어 한 다발 꿈으로 앙버티는 동안
말은 백매라도 봉오리마다 분홍으로 부풀어
울다가 울다가 관음상의 연분홍 광배가 된다.

인연의 꽃차례 그게 윤회인지도 몰라……

매화 앞서 핀 산수유 이울기 시작하면
짱끼란 놈은 목청이 패어서는 짝을 부르고
산모롱이 복사꽃 그늘로 돌아가는 뒷모습
복숭아 단물 잡히면 한 아름 웃음으로 돌아오리.
─「봄은 오고, 가고─석영의 '송춘사'에 화답함」
　　전문

필자는 석영의 '송춘사'가 궁금해서 우공에게 부탁해서 자료를 받았다. 시로 화답할 친구가 있다는 게 부럽기까지 했다.

"서로 거슬림이 없는 친구 우공이 충청도 앙성 산등성, 그가 가꾸는 농원에서 활짝 핀 매화나무 사진 한 장을 보내옵니다. 색이 은은하기 그지없습니다. 이런 짧은 안부 한 마디를 붙였습니다. '앙성 매화 만개, 친구 생각, 꽃처럼 피어난다오.'

봄날에 피는 매화 꽃그늘 따라 속 깊은 언어에 곰삭은 우정을 생각하며, 그간의 시간들을 응시해 봅니다. 우리 앞에 남은 시간들은 또 얼마나 빠르게 흘러갈지, 유정할수록 애틋하고 애틋할수록 무상감도 찾아옵니다. 좀 통속의 감정이면 어떠랴 싶습니다."

시 제목이「送春詞 / 봄 보내는 마음」이었다.

> 꽃 피는 일 / 꽃 지는 일 / 밀어둔 세상이라면, //
> 사는 곡절 / 신묘할 리 / 하냥 없어라. //
>
> 꽃들, 피고 / 꽃들, 지는 사이 / 비로소 사는 내력 / 한 다발 책력으로 / 벽에 걸리네. // 이 봄도 / 저 혼자 피는 꽃 // 인생 / 차안과 피안 / 깊고 깊은 윤회에 조용히 / 복종하는 심사를 / 스스로 감득하여 / 헤아리나니 // 흐린 노안을 / 꽃 밝음에 비추어 /

보는구나 / 저렇게 봄 가는 걸 / 보는구나. //
오호! / 봄은 속절없는 / 한탄이구나.

시 본문으로 돌아가기로 한다. "지난겨울 손가락 마디 얼음 백인 아픔"도 봄이 오면 풀린다. 자연의 순환 속에서 겨울의 아픔이 사라지고, 새로운 생명과 희망이 피어나는 것을 시인은 알고 있다. 결국은 "울다가 울다가 관음상의 연분홍 광배가 된다." 관음상의 뒤에 어려 있는 연분홍 광배는 고통과 슬픔이 지나가고 난 후의 아름다움과 평화를 나타내기에 가장 적절한 언어가 아닐까 싶다.

복사꽃도 지는 것은 어쩔 수 없지만, 그 꽃이 진 자리에 단물 가득한 복숭아가 열린다. 결국 복숭아가 익으면 웃음을 되찾게 된다. 자연은 우리 삶의 교과서다. "해토의 햇볕은 아득"하여 녹지 않을 것 같은 "얼음 백인 아픔"도 「겨울 산」에서의 "엄숙함"도 "삼엄한 언어가 쌓인 적설"도 결국 시간이 지나면 "복숭아의 단물"로 돌아오는 자연의 순환을 보면서, 우리는 절망과 허무와 고독을 희망과 연대로 전환할 수 있게 된다.

바람은 늘 사이를 불어간다.
바람은 언제든지 틈새로 불어온다.

과거와 미래의 사이에 바람이 가득하다.

희망과 절망 사이에 바람은 뒤눕는다.

나와 남 사이에 바람은 일렁인다.
우리 사이에도 바람은 소용돌이친다.

사막에 부는 바람은 하늘과 땅 사이를 갈라놓는다.
골짜기를 타고 올라간 바람은 하늘에 회오리로 오른다.

바람은 삶과 죽음의 사이로 불어간다.
바람이 미치면 삶과 죽음의 사이가 무화된다.

시간의 바람은 거꾸로 불 줄을 몰라서,
내게 허여된 삶의 골짜기를 불어가 저승에 이른다.
―「바람」 전문

  시인 우공은 '바람'을 '風'으로 썼는지 모르지만, 필자의 무의식은 '바라다'의 명사형인 '소망所望'으로 읽는다. '風'으로 읽는 것보다 더 깊은 사유로 이끌어 주는 추상화가 아닌가! 바람[所望]은 "과거와 미래 사이", "희망과 절망 사이", "나와 남 사이", "삶과 죽음 사이" 어디든 인간의 삶 틈새로 불어와 존재의 변환을 도모한다. 혹자는 「바람」에서 시간은 흘러 결국 인간은 죽음에 이르기 마련이라는 '늙은이'의 허무감을 읽어 낼지도 모른다. 그러나 필자는 이 시를, 시인이 죽음까지 기꺼이 받아들이겠다는 선언으로 읽는다. 필자는 이런 독법의 전환을 통해 천국의 소망을 붙들고 사는 '젊은이'로 존재 전환을 도모한다.

소망은 언제 어디서나 존재하며, 항상 우리 삶의 빈틈을 채우는 에너지원이 된다. 과거와 미래 사이, 나와 남 사이, 삶과 죽음 사이를 불어 가는 바람처럼 소망은 역동태로 존재한다. 바람은 모든 경계를 허물고, 삶과 죽음의 구분조차 없애 버릴 수 있는 힘을 준다. 바람은 "내게 허여된 삶의 골짜기를 불어가 저승에 이른다." 결국, 우리는 이승을 떠날 수밖에 없다. 그럼에도 우리는 천국에 이르려는 소망을 붙들지 않을 수 없다. 소망은 삶의 에너지, 바람이기 때문이다.

4. 온통 기적 같은 삶

내 일기장 마지막 페이지에
별을 사랑한 사람이라고 써넣고 싶다.

내게 별을 심어준 것은 위대한 학교였다.
윤동주는 '별을 사랑하는 마음'을 가르쳐주었다.
가람은 '저 별과 내 별'을 갈라 보여주었다.
페르샤 왕자는 '별을 보고 점을 쳤'단다.
스타가 소원이었는데 그건 별만큼이나 멀었다.

밤에 뜰에 나가 암청빛 하늘을 바라본다.
별자리들이 초승달을 붙들고 손을 떨고 있다.
초승달이 하늘 저 끝으로 사라질 때까지 서성인다.

별들 저쪽에 있을 별들을 나는 헤아리지 못한다.
아무래도, 저어, 별은 내 상상력의 한계인 모양이다.
―「별」전문

별은 동서양을 막론하고 수많은 신화를 품고 있으며, 예술가는 별을 통해 얻은 이미지로 풍성한 작품을 만들고 있다. 종교마다 별에 관한 신화가 다양한 맥락에 얽혀 있다. 신약성서에 의하면 동방박사도 별의 인도를 받아 아기 예수를 찾았다.

우공은 윤동주의 '별을 사랑하는 마음'과 가람 이병기의 '저 별과 내 별'이라는 구절을 소환한다. 가람의 「별」에 "저 별은 뉘 별이며 내 별은 어느 게요 / 잠자코 호올로 서서 별을 헤어 보노라"라고 읊고 있다. 또한, 손로원 작사가의 〈페르샤 왕자〉 가사를 소환한다. "별을 보고 점을 치는 페르샤 왕자 / 눈 감으면 찾아드는 검은 그림자 / 가슴에다 불을 놓고 재를 뿌리는 / 아라비아 공주는 꿈속의 공주 / 오늘 밤도 외로운 밤 별빛이 흐린다." 아라비아 공주를 그리는 절절한 마음이 암울한 가사인 듯하지만, 언제 만날 수 있을까 점을 치고 있는 왕자의 모습이 아름답지 아니한가! 우공도 비록 상상력의 한계를 느끼지만 "별들 저쪽에 있을" 아름다운 파라다이스를, 죽음 후에 갈 천국을 꿈꿀 수 있는 "별을 사랑하는 사람"이다.

"스타가 소원이었는데 그건 별만큼이나 멀었다." 이 구절은 시인이 꿈꾸는 이상과 현실의 거리를 별과의 관계로 그리고 있다. 대부분의 사람은 스타를 부러워한다. 대중들의 관심과 환호를 받은 사람을 '스타'라고 한다. 그러나 어느 분야의 스타인가에 따라 스타의 의미는 달라진다. 작가인 이상, 많은 독자가 감동하여 허무를 이길 힘을 얻고, 또 많은 사람에게 꿈을 선사할 수 있는 작품을 쓸 수 있다면 그 이상 어떤 스타가 부럽겠는가. 필자는, 꼭 많은 사람이 아니더라도, 단 한 사람에게라도 삶을 버텨 낼 수 있는 지팡이가 될 만한 작품을 쓸 수 있기를 소망하며 글쓰기를 해 왔다. 우공은 그동안 쓴 수많은 소설과 시만 해도 이미 그런 스타가 되었다고 해야 마땅하다.

우공의 「별」에서는 별이 인간의 상상력을 넘어서 신비롭고 광대한 우주에 흩어져 있는 존재임을 확인한다. 별을 사랑하는 마음이 단순한 낭만적 감상을 훨씬 넘어, 인간의 상상력과 꿈을 자극하는 중요한 정신 에너지라는 점을 강조한다. 사실 이 광대한 우주가 흐트러짐 없이 운행하고 있는 것은 우리의 상상력 한계를 넘어설 수밖에 없는 '기적' 같은 일이다.

오늘 아침 내가 시를 생각하는 것은 기적이다.

윤두서의 화집을 임모하면서 그림을 배우던 소치 허련
다섯 살 아들을 둔 28세 청년이
초의 스님 만나 시를 짓고 그림 그리다가
공재 윤두서 집안 화집 빌려 임모하는 중 정신이 돌아
서른둘, 서울로 올라가 추사 김정희를 만난 일을……
180년 저쪽 일을
영하 10도 아래로 기온이 내려가는 겨울날 아침.

그 행적을 상고하며 그게 소설감인가 자질해 보는 것은
이 또한 서사를 신봉하는 자의 분명한 기적이다.

"이 상것들과 상합하지 말고 일신하여 둔갑하라."
바울의 세상 물정 모르는 이야기에 동의하면서
억울하게 죽은 숱한 자들의 호곡 소리에 귀를 닫고

하늘의 운행은 건전하고 자연은 아름답다 생각는 것은
풍진세상의 욕망일시 분명하여, 또한 기적 아니겠나.
　　　　　　　　　—「기적에 대하여」 전문

인간의 삶은 기적의 연속이다. 우연과 기적은 한통속이다. '운칠기삼'이라는 말이 있다. 청나라의 소설가 포송령의 『요재지이』에 나오는 말이다. 기술이 뛰어나고 능력이 출중해도 그의 성공을 보장해 주는 것은 운이 70%라는 것이다. 능력과 기능은 별스럽지 못하다는 인식이다. 사실 누구를 만나 삶의 전환점이 바뀐 영웅들의 기적 같은 사실들이 역사책에는 넘쳐난다. 그것은 말하자면 '운'과 같은 것이다.

 한평생 소설을 꾸리며 살고 있는 우공은, 아침에 시詩를 생각하는 것은 기적이라고 한다. 어떤 사람은 시로 시작해서 소설로, 어떤 사람은 소설로 시작해서 시로 영역을 넓혀가는 사람들이 있다. 그러나 결국 언어 운용 방법이 다소 다를 뿐 지향점은 똑같은 글쓰기가 아닌가. 우공에게 더욱 기적 같은 사건은 허련의 삶에서 소설 감을 얻게 된 것이라고 한다. 작품의 소재를 얻었을 때의 날아오를 듯한 기쁨은 어느 작가에게나 마찬가지겠다.

 호남 화단의 초석을 마련한 허련은, 초년에는 해남의 윤선도尹善道 고택에서 윤두서尹斗緒의 작품을 통하여 전통 화풍을 익혔으나, 대흥사 초의艸衣의 소개로 1839년 상경하여 김정희 문하에서 본격적으로 서화를 익혔다. 김정희로부터 남종 문인화의 필법과 정신을 체득하여 남종화풍을 토착화시킨 화가로 평가받는다.

 우공은 허련의 삶과 예술적 행보를, 예술적 변혁이 이루어지는 '기적'으로 조명하면서, 허련의 행적을 소설로 풀어내는 것이 서사를 신봉하는 자의 기적이라고 한다. 이는 역사적 사실을 바탕으로 한 이야기 속에서 예술적 영감과 창작의 가능성을 발견하는 과정의 신비에 대한 감격이다. 많은 작가들이 역사적 인물을 작품 속에 담는다. 장편소설은 상당수가 한 인물의 일대기를 그린다. 우공도 소설가가 본업인지라, 이야깃거리를 찾는 데 열심일 것이고, 허련이라는 인물을 소설 소재로 찾게 된 게 기적이라고 하는데, 시간적 격절을 넘어선 예술가의 만남이라는 뜻에서 그것은 기적이다.

시의 후반부에서는 로마서 12장 2절을 인용하고 있다. "이 세상의 풍조를 더 이상 본받지 말고 여러분의 마음을 새롭게 하고 변화되십시오." 우공은 종교적 편견 없이 다양한 종교 경전을 인용하곤 한다. 문학을 어떤 사상이나 신념 체계에 묶어 두지 않겠다는 작가의 자세를 보여 준 점이다. "억울하게 죽은 숱한 자들의 호곡 소리에 귀를 닫"으면서도, 자연의 아름다움을 찬미하는 것은 일종의 기적이라는 것은, 아이러니적 감각이 살아 있는 우공의 특유한 면모이다.

많은 사람들이 바울의 가르침이 옳다는 것을 알지만 따를 수 없는 것은, 우리가 성인이 아닌 바에야 당연한 일이 아니겠나 싶다. 세속을 따르지 않고 마음을 변화하는 것이 어찌 쉬울 수 있겠는가. 그것은 문학이 지향하는 궁극점에 다름이 아닐 터이다.

사람들은 시인보다 의심이 적다. 그래서 세상이 어떻게

굴러가도 "하늘의 운행을 건전"하다고 믿는다. 또 "자연은 아름답다"라고 단언한다. 그렇게 무연히 넘어가는 비지성적 태도에 대해 우공은 아이러니적인 시각을 발동한다. 그것을 '기적'이라고 하는 것은 역설이다. 시인이 견지해야 하는 비평적 시각을 갖추지 않고 경전의 '말씀'이라고 묵종하는 것은 우스운 '기적'이 되는 것이다. 이에서 조금만 더 나가면 풍자시가 될 터인데, 적정선에서 그치고 만다.

당연한 필부의 생각으로는 그냥 넘어갈 수도 있는데, 우공이 그걸 끄집어내어 구태여 말하는 것은 시적詩的 표현의 기적이다.

5. 착시 현상을 벗어나려는 생철학生哲學

선생님, 사실대로 말할까요,

'음란하니까 인간이다.'
'인간이니까 음란하다.'

음란을 순결과 맞세우는 논객의 비위는
좀 거시기해서, 느끼한 징후가 풍긴다.

다시, 사실대로 말하자면

'인간은 본래 음란의 토양에 뿌리를 내린다.'

순결한 백합은, 사실, 씨앗이 보잘것없이 부실하다.
해서, 뿌리를 나누어 구근으로 번식을 도모하는데,
그 구근이라는 게, 나긋나긋 음란한 식감으로 씹
힌다.

선생님, 사실은, 백합꽃 향기가 죽음의 향기라잖
아요,
순결의 책을 음란한 시선으로 읽는 버릇이 용서될
까요?
——「칠극·6-음란淫亂에 대하여」

어떤 자료에 의하면, 『칠극』이란 책은 '칠극대전七克大全'
으로 불린다. 스페인의 선교사 판토하(Diego de Pantoja, 1571-
1618)가 중국에 와서 한문으로 저술한 기독교 교양서이다.
이 책은 마테오 리치(Matteo Ricci)의 『천주실의天主實義』와 함께
일찍부터 우리나라에 전래되어 연구되었고, 남인 학자들을
천주교에 귀의시키는 데 이바지한 책 중의 하나이다. 이익
李瀷은 『성호사설』에서 이 책에 대하여 언급하면서, 이는 곧
유학의 '극기설克己說'과 같다고 전제한 다음, 죄악의 뿌리
가 되는 탐욕·오만·음탕·나태·질투·분노·색과 더불어,

이를 극복할 수 있는 덕행으로 은혜·겸손·절제·정절·근면·관용·인내의 일곱 가지를 소개하고 있다.

"'음란하니까 인간이다.' / '인간이니까 음란하다.'"는 인간 본성의 양면성을 '도립상'으로 제시하고 있다. 프로이트는 인간의 성적 본능을 중요시했으며, 이를 억압하는 과정에서 다양한 심리적 갈등이 발생한다고 보았다. "'인간은 본래 음란의 토양에 뿌리를 내린다.'"라는 구절에서 시인은 음란을 인간 본성의 근본으로 비유한다. "백합꽃 향기가 죽음의 향기라잖아요."라는 구절에서는 백합의 순결함이 오히려 죽음의 상징이 되는 역설을 통해 인간의 삶과 죽음에 대해 성찰하기도 한다.

그리스·로마 신화에서 보면 헬레니즘에서는 순결과 음란의 경계가 모호하다. 아프로디테 신전에서는 여자 사제와 신도들 간의 성행위를 제사의 일부로 행했다. 뒤를 이은 헤브라이즘에서는 이를 구분하여 인간과 동물의 차이를 분명히 하려고 했으나, 구약성경에 보면 지금의 우리 사회보다 더 문란한 성행위들이 적나라하게 묘사되어 있다. 이웃 아내를 소유하기 위해 그녀의 남편이자 자기의 부하를 전장에서 죽게 하는 솔로몬의 아버지 다윗은 물론, 가족 간의 성행위, 동성 간의 성행위, 인간과 짐승 간의 성행위까지 있었다고 기록되어 있다. 성경에서는, 이를 보다 보다 못해, 건전한 성관계와 질서 있는 가정을 지키기 위한 여러 가지 제도와 교훈을 제시하고 있다. 본래 인간은 속성상 음란한 존재가 아닐까. 다만 인간이라는 체면을 유지하기 위해 여러 가지 고민하게 된 것이 종교이고 도덕이지 싶다. 우공이 '칠극' 가운데 정절의 덕을 추어올리기 위해 질책 대상으로 삼은 '음란'을 시적 소재로 한 데는 이유가 있는 듯하다. 몸 또는 신체를 지니고 사는 인간의 물질성에 대한 깊은 사유에서 발효되어 나온 결과라고 생각된다.

> 산머리 환히 빛나는 태백산
> 하늘에서 그 가지 밟고 내려온 신단수
> 그 아래 향초 다소곳한 땅에
> 나의 죽은 육신 묻어달라.
> 산그늘 드리운 동해 모랫벌
> 물결 살랑거리거든
> 내 묘비에 새겨질 두어 구절, 그대여 기억하라.
>
> 삶을 열정으로 끌어안고
> 죽음은 냉연하게 바라보았거니
> 여기 지나가는 나그네여
> 머리 들어 푸른 하늘 바라보라.
> ──「태백산 산정 아래」 6절

이 시는 전체가 6절로 되어 있다. 예이츠의 「벤 불벤 산 아래」와 텍스트 연관성을 지닌 작품이다. "산머리 환히 빛나는 태백산 / 하늘에서 그 가지 밟고 내려온 신단수"는 태백산의 신성한 이미지를 강조하는데, 이는 예이츠의 시에 나오는 '벤 불벤 산'의 상징적인 의미와 유사하다.

예이츠(W.B. Yeats)는 「벤 불벤 산 아래」라는 시에 자기의 묘비명을 제시했고, 벤 불벤 산 아래, 아버지가 목사로 있던 드럼클리프 교회에 있는 예이츠의 무덤 앞에 이 묘비명이 새겨져 있다. 묘비명은 삶과 죽음에 대한 철학을 담아내는 중요한 문화 장치이다. 예이츠의 묘비명 "냉철한 시선을 던져라, 삶과 죽음에 / 말 탄 자여 지나가거라"는 인생의 다양한 경험과 죽음이라는 궁극적인 현실을 직시하되, 그것에 휘둘리지 말고 냉철하고 침착한 태도를 유지하라는 의미로 해석될 수 있다.

우공은 예이츠의 묘비명을 업그레이드한 버전을 제시하고 있다. "삶을 열정으로 끌어안고 / 죽음은 냉연하게 바라보았거니 / 여기 지나가는 나그네여 / 머리 들어 푸른 하늘 바라보라." 필자가 우공보다 늦게 이 세상 나들이를 끝내게 되면 잊지 않고 그의 묘비명을 새겨 주리라. 나도 조속히 묘비명을 마련해야겠다고 생각하지만, 도무지 내가 어떻게 살아왔고 앞으로 어떻게 살지 예측이 되지 않아 망설이고 있다.

6. 마무리

우공은 자신의 생철학生哲學을 옛 작가들의 말과 행적도 곁들이면서, 지성과 감성과 영성으로 발효시켜, 『만화시초萬化詩抄』라는 잔치 자리를 마련하여 우리를 초대하고 있다.

'생철학'은 삶의 체험에서 모든 것을 파악하려고 한 철학으로, 일상적인 삶의 경험과 깊이 연관되어 있으며, 개인의 삶의 방향성과 의미를 찾는 데 중요한 역할을 하고 있다. 소로(H.D. Thoreau)는 『월든(Walden)』에서 자연과의 조화로운 삶을 강조하며, 산업화와 물질주의에 대한 비판을 통해, 인간이 자연 속에서 자신의 본성을 회복하고 진정한 삶의 의미를 찾을 수 있다고 주장했다. 노자老子는 자연과 조화로운 삶을 강조하며, 인위적인 노력을 배제하고 자연스러운 삶의 흐름에 따르는 '무위無爲'의 개념을 제시했다. 이처럼 '생철학'은 시대와 문화에 따라 다양한 형태로 나타나지만, 공통으로 인간 존재의 의미와 목적을 깊이 탐구하며, 이를 통해 우리는 자신의 삶을 더욱 풍요롭고 의미 있게 만들 수 있는 방향성을 찾는다는 공통점을 지니고 있다.

우공의 시 작품들은 전반적으로 위와 같은 생철학의 관점을 견지하고 있는 것으로 읽히며, 필자는 『만화시초萬化詩抄』에서 다음과 같은 특징에 주목하여 글을 썼다.

첫째, 자연을 세심한 시선으로 응시하면서 인간 존재의 본질과 삶의 의미를 탐구하며, 그 결과를 시詩라는 형식을 빌려 정리하고 있다. 둘째, 허무한 삶을 이기기 위해 성실한 자세로 희망과 위로를 찾으려는 시인의 마음이 처처에 가득하다. 셋째, 독창적인 언어 사용과 형식의 변화를 통해 새로운 시적詩的 표현을 개척하려는 노력이 돋보인다. 언어의 예술성을 극대화하는 표현 기법이 두드러지며, 풍부한 비유와 상징을 사용하여 시의 의미를 다층적으로 전달한다. 넷째, 현대 사회의 다양한 문제에 대한 날카로운 시선을 견지하면서도 시를 통해 희망을 불러낸다. 마지막으로, "삶을 열정으로 끌어안고 / 죽음을 냉연하게 바라보"려고 노력하고 있다. 그의 성실한 열정은 죽음 앞에서도 당당하리라.(*)

창조문예 시선 004

만화시초 萬化詩抄

초판 발행일 2024년 10월 15일

지은이 우한용
펴낸이 임만호
펴낸곳 창조문예사
등 록 제16-2770호(2002. 7. 23)
주 소 서울 강남구 선릉로112길 36(삼성동) 창조빌딩 3F(우 : 06097)
전 화 02) 544-3468~9
F A X 02) 511-3920
E-mail holybooks@naver.com

책임편집 김종욱
디자인 이선애
제 작 임성암
관 리 양영주

ISBN 979-11-91797-55-8 03810
정 가 12,000

※ 잘못된 책은 바꾸어 드립니다.